Lei de Greve Anotada
Lei n. 7.783/89

Francisco Gérson Marques de Lima

*Doutor. Professor da UFC. Procurador Regional do Trabalho. Tutor do GRUPE/UFC.
Membro fundador da Academia Cearense de Direito do Trabalho.*

Lei de Greve Anotada
Lei n. 7.783/89

EDITORA LTDA.
© Todos os direitos reservados

Rua Jaguaribe, 571
CEP 01224-003
São Paulo, SP — Brasil
Fone: (11) 2167-1101
www.ltr.com.br
Julho, 2018

Projeto Gráfico e Editoração Eletrônica: Peter Fritz Strotbek – The Best Page
Projeto de Capa: Fabio Giglio
Impressão: BOK2

Versão impressa: LTr 5985.5 — ISBN 978-85-361-9614-5
Versão digital: LTr 9418.0 — ISBN 978-85-361-9761-6

Dados Internacionais de Catalogação na Publicação (CIP)
(Câmara Brasileira do Livro, SP, Brasil)

Lima, Francisco Gérson Marques de
  Lei de greve anotada : Lei n. 7.783/89 / Francisco Gérson Marques de Lima. — São Paulo : LTr, 2018.

  Bibliografia.

  1. Direito do trabalho 2. Direito do trabalho — Brasil 3. Greves e lockouts — Brasil I. Título.

18-14004   CDU-34:331.109.31(81)

Índice para catálogo sistemático:
1. Brasil : Direito de greve : Direito do trabalho
34:331.109.32(81)
2. Brasil : Greves e lockouts : Direito do trabalho
34:331.109.32(81)

À minha **família**, especialmente Viviane Pessoa, Kybele (futura médica) e Gabriela, cada dia mais linda;

Aos membros do **GRUPE** (Grupo de Estudos e Defesa do Direito do Trabalho e do Processo Trabalhista, da Universidade Federal do Ceará), destacadamente prof. Clovis Renato (doutor), Regina Sônia (Mestra) e Thiago Pinheiro (Mestrando), que o integram há mais de 10 anos;

Dos **sindicalistas** parceiros nos eventos da CONALIS/CE e no Congresso Internacional de Direito Sindical, Fortaleza-CE, por amostragem, as homenagens a Raimundo Nonato (Força Sindical), Valdir Pereira (CSP-Conlutas), Agenor Lopes (UGT), Luciano Simplicio (CTB), Will Pereira (CUT), Júnior Lopes (NCST) e Francisco Moura (CSB), todos Presidentes de Centrais no Ceará;

Pelas longas conversas sindicais, em âmbito nacional: a Antonio Neto (CSB), Ricardo Patah e Canindé Pegado (UGT), Calixto Ramos (NCST), Miguel Torres (CNTM), Wilson Wanderlei (FENTEC), Chiquinho Pereira (Padeiros/SP), Lourival Figueiredo e Levi Fernandes (CNTC), Carlos Albino (FEMGO) e Dr. Cristiano Zaranza (advogado patronal);

Aos diletos **amigos** de debates sindicais Alessandro Rodrigues (assessor no Sindpd/SP), advogada Dra. Eliana Lúcia Ferreira (Conlutas/SP), advogado Dr. Carlos Chagas (Ceará) e Maria Amélia Ferreira (assessora da CNTM);

Às **amigas** de MPT Procuradoras Francisca Helena e Hilda Leopoldina (aposentada precocemente, mas já a perdoei por isso);

E aos **sindicalistas aguerridos** deste imenso Brasil, que, por serem tantos, não há como nominá-los — se eu tentasse fazê-lo, certamente a traiçoeira memória me faria omitir injustamente o nome de algum.

Sumário

1. Como Consultar e Manusear Este Livro 9

2. Introdução 11

3. Lei de Greve Anotada: Lei n. 7.783, de 28 de Junho de 1989 12

Art. 1º Garantia de greve, disposição geral 12

Art. 2º Conceito legal de greve 20

Art. 3º Negociação prévia e comunicação à empresa 29

Art. 4º Assembleia sindical, pauta de reivindicação, comissão de trabalhadores 34

Art. 5º Representação dos interesses trabalhistas 39

Art. 6º Garantias dos grevistas e direitos fundamentais, equilíbrio 41

Art. 7º Suspensão do contrato de trabalho. Contratação de substitutos 60

Art. 8º Provocação da Justiça do Trabalho e julgamento 66

Art. 9º Atividades e riscos de irreversibilidade da empresa, contratação temporária 69

Art. 10. Serviços ou atividades essenciais 71

Art. 11. Serviços indispensáveis e inadiáveis 72

Art. 12. Asseguramento dos serviços indispensáveis pelo Poder Público 74

Art. 13. Atividade essencial: comunicação aos empregadores e à sociedade 79

Art. 14. Abusividade do direito de greve 80

Art. 15. Responsabilidade, ilícitos civis e crimes 81

Art. 16. Servidores públicos 86

Art. 17. *Lockout*, suspensão das atividades pela empresa 91

Art. 18. Revogação da antiga Lei de Greve 93

Art. 19. Vigência da lei 94

4. Índice Alfabético-Remissivo 95

5. Lei de Greve: Lei n. 7.783/1989 (Texto Original) 101

1. Como Consultar e Manusear Este Livro

Caro(a) leitor(a),

Esta obra consiste de anotações à Lei n. 7.783/89, também chamada de Lei de Greve. Para facilitar a leitura e a busca por temas específicos, sua organização está sistematizada em números, na sequência de cada artigo, por exemplo 1.12. O primeiro número sempre indicará o artigo da Lei de Greve, que se encontra transcrito e é objeto de anotações. No exemplo dado, a nota se refere ao art. 1º. Se a nota fosse 2.31, tratar-se-ia de anotação ao art. 2º. E assim sucessivamente. Os dois números seguintes serão melhor compreendidos na explicação abaixo.

A obra contém: transcrição literal dos dispositivos da Lei de Greve (Lei n. 7.783/89), em destaque; anotações doutrinárias (1), legais (2) e jurisprudenciais (3), exatamente nesta ordem, artigo a artigo.

Entenda as anotações numéricas (Ex.: 1.12):

Primeiro número, seguido de ponto (ex.: 1.)	Segundo número (ex.: 1)	Terceiro número (ex.: 2)
Indica o número do **artigo** da Lei de Greve (no exemplo, é o art. 1º)	Indica a **natureza** da anotação (no exemplo, comentário doutrinário)	Indica a **sequência** da anotação (no exemplo, é a 2ª anotação ao comentário doutrinário)

Exemplos:

a) **1.12.** Trata-se da seguinte anotação: art. 1º, natureza (comentário doutrinário, que é 1), anotação 2 do comentário doutrinário.

b) **2.31.** Trata-se de: art. 2º, jurisprudência (que é 3), sequência 1 (ou anotação 1 do apanhado jurisprudencial).

A **natureza** consiste em três tipos de anotações: Comentário doutrinário (1), Legislação (2) e Jurisprudência (3). Estes números significam a ordem sequencial das anotações, pois primeiramente serão feitos comentários doutrinários, seguidos de notas legislativas e, por último, transcrição jurisprudencial. Cada uma destas anotações possui várias subnotas, também sequenciais entre si.

Esta obra possui, ainda, ao final, um índice alfabético-remissivo, que facilita encontrar os assuntos, temas e anotações doutrinárias, legais e jurisprudenciais. As indicações são feitas numericamente.

As remissões são indicativos de temas, porém sem caráter esgotativo. Logo, a partir de uma indicação do índice alfabético-remissivo, o leitor poderá encontrar outros apontamentos durante a leitura do texto próximo à nota indicada ou em outra.

Tenha, pois, uma boa leitura.

2. Introdução

Depois de pesquisar e vivenciar o exercício do direito de greve, este autor sentiu necessidade de apresentar aos operadores do direito anotações e comentários sucintos sobre a Lei n. 7.783/89, artigo a artigo. Eis, pois, o desafio deste opúsculo, visando facilitar a consulta à lei, de forma rápida e prática, com anotações doutrinárias, legais e jurisprudenciais. As anotações foram inspiradas nas perguntas mais frequentes, que são feitas por alunos, sindicalistas, advogados e outros militantes do direito coletivo do trabalho.

A ordem das anotações é sequencial em cada artigo: primeiramente, comentários doutrinários; seguidos de anotações legais e, por fim, de apontamentos jurisprudenciais. Em cada dispositivo, a numeração dessas anotações recomeça, por razões de organização da obra e para simplificar a consulta pelo leitor.

Embora constituam as primeiras anotações de cada artigo e, no geral, sejam as mais longas, cumpre esclarecer ao leitor que a **doutrina** apresentada tende à objetividade, sem aprofundamento teórico, o que é próprio de outros estudos científicos específicos. A falta de remissão expressa a autores não significa que este livro não tenha considerado suas opiniões. Simplesmente, em face da natureza e das peculiaridades da obra, omitiram-se expressamente as referências bibliográficas.

A **legislação** colhida é a mais próxima possível de cada assunto tratado pela Lei de Greve, numa relação intrínseca de complementariedade. O expediente visou proporcionar ao leitor a verificação da lei, sem necessidade de manusear, primordialmente, outros diplomas legais. Por óbvio, somente a legislação mais relevante se encontra transcrita.

Colhe-se, aqui, apenas a **jurisprudência** mais significativa de cada assunto ou que, por sua repetição, reflete certa uniformidade nos tribunais. Excepcionalmente, é apresentada jurisprudência divergente, sobretudo em casos nos quais o entendimento dos tribunais ainda não esteja consolidado; ou em situações que, para mostrar outras possibilidades de interpretação em temas muito relevantes, torne-se necessária à riqueza dos debates.

Sendo este, pois, o breve livro que se apresenta ao público, fica o anseio de que ele seja de efetiva utilidade prática.

3. Lei de Greve Anotada: Lei n. 7.783, de 28 de Junho de 1989

Dispõe sobre o exercício do direito de greve, define as atividades essenciais, regula o atendimento das necessidades inadiáveis da comunidade, e dá outras providências.

O PRESIDENTE DA REPÚBLICA, faço saber que o Congresso Nacional decreta e eu sanciono a seguinte Lei:

Art. 1º É assegurado o direito de greve, competindo aos trabalhadores decidir sobre a oportunidade de exercê-lo e sobre os interesses que devam por meio dele defender.

• Comentários:

1.11. Greve, direito fundamental. A Constituição Federal (CF/88) estabeleceu a greve como direito fundamental dos trabalhadores (art. 9º). À exceção dos servidores militares, tanto os trabalhadores do setor privado quanto os servidores públicos são titulares do direito de greve.

A greve rompe a paz social, como uma explosão de gás, que acaba atingindo a vizinhança inteira. Ela atinge não só empregados e empregadores, como também a sociedade, saindo do campo dos interesses meramente interpartes para alcançar diversos outros interesses, direitos e sujeitos. Por isso, a Lei trata do assunto com muita prudência. É um direito que só deve ser exercido como último recurso pelos trabalhadores e, ainda assim, considerando sua dimensão, há de ser manejado com extrema responsabilidade.

O qualificativo de *fundamental* ao direito de greve é suficiente, sob o ponto de vista da legalidade, para retirar dos movimentos grevistas o tratamento policialesco e o caráter dado pela anterior Lei n. 4.330/64, a qual estabelecia várias sanções pelo exercício das paralisações de trabalhadores.

1.12. Prerrogativas dos trabalhadores. Outro aspecto importante é que a Lei, ainda seguindo a Constituição e reconhecendo a liberdade de paralisação, atribui aos trabalhadores — e somente a eles — decidir sobre: *(a)* oportunidade de exercer o direito de greve; e *(b)* quais interesses devam por meio dele defender.

Isto significa que cabe unicamente aos trabalhadores analisar o **momento** mais conveniente para promover a greve (Natal, Dia das Mães, véspera de feriado etc.). E, também, constitui prerrogativa dos operários eleger a **pauta** de reivindicação, isto é, os interesses que irão defender (reajuste salarial, melhores condições de trabalho, providências contra assédio, plano de saúde etc.). Não cabe ao empregador, nem ao sindicato patronal, nem ao Poder Público ingressar nesta liberdade-prerrogativa. Caso o façam, estarão cometendo séria violação ao direito de greve, caracterizando conduta antissindical.

- Ver caput *do art. 4º e suas anotações, desta Lei n. 7.783/89.*

Segundo o Enunciado n. 526, da Recopilação do Comitê de Liberdade Sindical da OIT — Organização Internacional do Trabalho (2006), *"os interesses profissionais e econômicos que os trabalhadores defendam mediante o direito de greve abarcam não só a obtenção de melhores condições de trabalho ou as reivindicações coletivas de ordem profissional, senão que englobam também a busca de soluções às questões de política econômica e social e aos problemas que se plantam na empresa e que interessam diretamente aos trabalhadores".*

1.13. A **greve política** tem sido vista com muitas reservas e cautela, tanto no Brasil quanto em outros países. Há indicativos de que o TST seja contrário à utilização da greve para obtenção de objetivos políticos. Este foi o entendimento esposado pelo então Presidente da Corte, Min. Oreste Dalazen, ao julgar a greve dos funcionários dos correios, em outubro/2011. Para ele, naquele caso concreto, todos os dias da paralisação deveriam ser descontados do salário dos grevistas, porque em certo momento a greve havia assumido caráter político, com pessoas infiltradas no movimento para, possivelmente, fazer da categoria massa de manobra (Disponível em: <http://noticias.terra.com.br/brasil/tst-determina-fim-da-greve-dos-correios-e--desconto-de-7-dias,70dc0970847ea310VgnCLD200000bbcceb0aRCRD.html>).

Conforme a Recopilação do Comitê de Liberdade Sindical da OIT, *"embora as greves de natureza puramente política não estejam cobertas pelos princípios da liberdade sindical, os sindicatos deveriam poder organizar greves de protesto, em particular para exercer uma crítica contra a política econômica e social do governo."* (Enunciado n. 529). E o Enunciado n. 531 complementa, compreendendo a importância da consciência e do papel políticos dos trabalhadores na sociedade: *"O direito de greve não deveria limitar-se aos conflitos de trabalho suscetíveis de findar em convênio coletivo determinado: os trabalhadores e suas organizações devem poder manifestar, em caso necessário em um âmbito mais amplo, seu possível descontentamento sobre questões econômicas e sociais que guardem relação com os interesses de seus membros".* Por outro lado, o mesmo Comitê internacional repudia a greve por razões puramente políticas, isto é, que não seja política econômica nem trabalhista. É o que se extrai dos Verbetes ns. 529 e 530, transcritos adiante, ao final das anotações a este artigo.

Deste rápido apanhado, de todo modo, parece que a greve por razões meramente partidárias (na defesa de interesses de partidos políticos ou de candidatos a cargos públicos) não é aceita pela OIT nem pela jurisprudência pátria.

1.14. A **greve de protesto** é aquela em que uma categoria paralisa suas atividades em virtude da insatisfação com determinada política empresarial ou em virtude da prática de algum ato específico, que pode ter natureza trabalhista ou não. No Brasil, o TST tem jurisprudência de que a greve de protesto, quando não tenha vinculação trabalhista, não é permitida pela legislação pátria (v. ementa adiante, TST/SEDC, RO 51534-84.2012.5.02.0000).

A maior expressão da greve de protesto, que também eram políticas, foram as "greves gerais", nos anos 1980, em que a paralisação se dava em todo o país e alcançava todas as categorias de trabalhadores, reclamando tanto da política trabalhista implementada pelo

Governo, quanto da inflação desenfreada e da falta de democracia, porque o Brasil ainda era governado por militares, como decorrência do Golpe de 1964. De fato, a resistência e os movimentos empreendidos pelo movimento sindical foram fundamentais para o retorno da democracia no Brasil.

No âmbito internacional, na contemporaneidade, é de se mencionar a greve de protesto realizada pelas mulheres, na Argentina, em outubro/2016, contra o feminicídio, a violência de gênero e a discriminação no mercado de trabalho. Com protestos e marchas públicas, as mulheres paralisaram suas atividades por uma hora, no dia 19.10.2016.

1.15. Quanto às chamadas **greves atípicas**, assim consideradas as que não envolvem, propriamente a paralisação contínua do trabalho, a jurisprudência brasileira tem-nas entendido como discrepantes da Lei n. 7.783/89. É que esta lei tipifica a greve como *paralisação* coletiva, temporária e pacífica dos serviços prestados aos empregadores (art. 2º). Todavia, algumas categorias ainda utilizam estas modalidades, destacando-se a greve de zelo, da amabilidade, da mala, operação tartaruga etc.).

1.16. Tipos de greve e outros movimentos sindicais organizados. Dentre as várias modalidades de greves e protestos, vejam-se as seguintes:

a) *Greves de soluço:* é aquela em que as paralisações se entremeiam com períodos curtos de retorno ao trabalho, alternando períodos de trabalho e de suspensão dos serviços;

b) *Operação tartaruga:* embora não haja paralisação das atividades laborais, os serviços são desenvolvidos com lentidão suficiente para comprometer a produção da empresa;

c) *Greve setorial:* é aquela em que a paralisação se dá apenas em alguns setores, normalmente os que são fulcrais ao escoamento da produção ou que possuem uma função essencial na cadeia produtiva. A identificação de setores centrais da empresa e sua paralisação pode ser desastroso para os demais setores, além de obrigar a empresa a remunerar normalmente todos os demais obreiros; mas também pode expor o grupo de trabalhadores parados, por ser em menor número e, portanto, mais sujeitos a retaliações;

d) *Operação padrão:* é, sobretudo, uma forma de protesto, em que os trabalhadores cumprem rigorosamente, ao pé da letra, todas as normas empresariais e legais de desenvolvimento da atividade laboral, com o fito de diminuir ou atrasar o ritmo da produção, causando prejuízos à empresa pelo **excesso de zelo**. Comum em categorias como a dos ferroviários, metroviários, controladores de voos e fiscais de alfândegas, tende a ser de difícil discussão judicial, já que nela se cumpre rigorosamente a legislação e as normas da própria empresa. Há outra versão de operação padrão: a que implica apenas no procedimento básico do trabalho, só o essencial para a empresa continuar funcionando;

e) *Greve branca:* é aquela em que há simples paralisação do trabalho, sem mobilização nem outras formas de protestos, desacompanhada de represálias ou atos de violência. É marcada pela tranquilidade e pela tolerância. Confunde-se com a segunda interpretação da operação padrão, apresentada há pouco;

f) *Greve geral:* marcada pela conscientização política, trata-se de paralisação que envolve várias categorias, com articulação de diversas entidades sindicais, quando possuem pauta comum. É paralisação de âmbito nacional, voltada muito mais a políticas públicas ou econômicas, de caráter genérico, do que a empregadores específicos. Costuma ter duração de 01 dia ou de poucas horas durante o expediente; é previamente divulgada à sociedade, envolve vários níveis de adesão e constitui uma das maiores demonstrações da ideologia trabalhista, na medida em que põe em discussão tema geral, que incomoda todos os trabalhadores. Constitui ponto alto do movimento organizado dos sindicatos. Ex.: Greve geral de 29.3.2012, na Espanha, em reação à reforma trabalhista, decorrente da crise econômica.

O nome surgiu, no Brasil, na greve de 1917, que levou trabalhadores da indústria e do comércio a cruzarem os braços, em razão das más condições de trabalho, já que os imigrantes (sobretudo, italianos e espanhóis) recebiam tratamento análogo ao de escravos. Destacam-se, na mesma toada, duas outras greves gerais, no Brasil: em 1989 e 1991, articuladas pela CUT — Central Única dos Trabalhadores, em razão do achatamento salarial provocado pelos planos econômicos. Em julho/2013, oito centrais sindicais convocaram os trabalhadores a marcharem no que chamaram de *"Dia Nacional de Lutas"*, com uma pauta que ia dos investimentos na educação à melhoria dos transportes públicos. Mas não chegaram a convencer os trabalhadores na dimensão pretendida. Outra tentativa foi a convocação pelas entidades sindicais para greve geral em abril/2017, a partir da mobilização nacional de 28.4.2017, contra a Reforma Trabalhista, então tramitando no Congresso Nacional. No entanto, apesar da grande mobilização, o governo conseguiu desarticular o movimento sindical, a partir das cúpulas de algumas representações de trabalhadores, as quais se retiraram das ruas. E a greve geral não saiu da mera intenção. Os trabalhadores, de sua vez, apáticos, não se sensibilizaram com a bandeira de luta levantada por muitas entidades, que lhes soou mais político-partidária do que trabalhista.

g) *Greve de braços cruzados:* nela, os trabalhadores paralisam as atividades, mas permanecem no serviço, postados de frente às máquinas ou no local de trabalho, sem desempenhar suas funções laborais;

h) *Greve de fome:* consiste na recusa dos grevistas de se alimentar, como forma de chamar a atenção das autoridades públicas ou da sociedade para certas reivindicações, ao que se é dada ampla divulgação. Normalmente, este tipo de greve só alcança algum resultado se o(s) faminto(s) tiver alguma expressão social e gozar de certo prestígio;

i) *Greve selvagem:* é movimento espontâneo dos trabalhadores, tendente ao anarquismo, sem liderança sindical ou sem a articulação da entidade representativa. Pode ser reflexo de um sindicato distanciado de sua base, de uma reação de grupos de oposição ou fúria coletiva instantânea e imediata, em que não há tempo para o cumprimento dos requisitos da lei de greve. É uma das modalidades mais legítimas e mais perigosas de greve, porque é acéfala, descontrolada e imprevisível;

j) *Greve de solidariedade:* às vezes, uma categoria paralisa suas atividades por se sensibilizar com o movimento paredista de outra ou por sensibilidade ao que categoria diversa vem enfrentando, considerando vários fatores de sua conveniência, como a intenção de intensificar a greve, fortalecer as reivindicações, proteger os grevistas, aderir à mesma causa, demonstrar união entre as entidades sindicais etc. Esta solidariedade entre trabalhadores não encontra nenhuma proibição expressa na lei, sendo muito apropriada no combate às iniquidades cometidas por empresas que, apesar de adotarem diferentes práticas, pertencem ao mesmo grupo econômico. As entidades de grau superior e as Centrais desempenham um importante papel na organização dos sindicatos filiados, propiciando que uns se solidarizarem com as reivindicações do outro.

k) *Sabotagem*: é tática utilizada para comprometer o funcionamento de maquinários ou para desvirtuar o escoamento da empresa. Manifesta-se na inutilização de instrumentos, na danificação de máquinas e na destruição de meios pelos quais ordinariamente é escoada a produção. Existe, também, a *sabotagem de marketing*, que é o comprometimento do nome da empresa no mercado, a partir da divulgação de informações pejorativas (nem sempre verdadeiras) de seus produtos e de suas práticas nocivas.

1.17. Competência para processar e julgar o dissídio de greve: Nos termos da Lei n. 7.701/88, a competência para processar e julgar dissídio de greve é dos Tribunais, e não da primeira instância (Varas do Trabalho). Será dos TRTs nos conflitos restritos ao seu âmbito territorial de jurisdição. Se o conflito, por sua dimensão, ultrapassar do âmbito territorial de um TRT, a competência passa a ser do TST. Os tribunais possuem regras internas de competência de seus órgãos turmários, registrando-se que alguns possuem SDC (Sessão de Dissídios Coletivos), a quem competirá, funcionalmente, julgar o conflito.

Em se tratando de servidores públicos estatutários, a greve será processada e julgada pelos Tribunais da Justiça Comum, federal ou estadual, conforme o caso, por aplicação subsidiária e analógica da Lei n. 7.701/88.

• *Ver anotações aos arts. 2º e 16, à frente.*

1.18. Policiais militares, civis, federais etc. A Constituição proíbe a greve de policiais militares no art. 42, § 1º; e art. 142, § 3º, IV. De forma expressa, pois, encontram-se na vedação: policiais militares e corpos de bombeiros militares dos Estados e do Distrito Federal e Territórios; e membros das Forças Armadas (marinha, exército e aeronáutica).

No ARE n. 654.432 (j. 05.04.2017, voto vencedor do Min. Alexandre de Moraes), com repercussão geral reconhecida, o STF reafirmou, por maioria de votos, que os policiais civis não podem fazer greve, por analogia com a vedação aos militares (CF, art. 142, § 3º, IV). Segundo o informativo da Sessão de julgamento, *"para o ministro Barroso, quem porta arma deve se submeter a regime jurídico diferenciado, não podendo realizar greve. Contudo, o ministro sugeriu como alternativa que o sindicato possa acionar o Poder Judiciário para que seja feita mediação, de forma a garantir que a categoria tenha uma forma de vocalizar suas reivindicações, nos moldes do art. 165 do Código de Processo Civil."* Na essência, a tese vencedora, de que os servidores que atuam diretamente na área de segurança não podem fazer greve, alcança os **policiais civis, federais, rodoviários e corpo de bombeiros.**

• *Fonte: <http://www.stf.jus.br/portal/cms/ verNoticiaDetalhe.asp?idConteudo=340096>.*

No MI n. 774, rel. Min. Gilmar Mendes (j. 7.4.2014), o STF consignou que os policiais civis não possuem direito subjetivo constitucional que ampare sua pretensão de regulação do direito de greve. O mesmo entendimento ficou expresso na MC-Rcl n. 17.358, Min. Gilmar Mendes (j. 17.3.2014), a propósito de greve dos **policiais federais**.

Extensivamente, o STF assentou que, de um modo geral, as carreiras armadas são impedidas de fazer greve, a exemplo da **Guarda Municipal**, cuja competência para julgar o conflito (paralisação) é da Justiça Comum estadual, mesmo quando sejam celetistas: RE n. 846.854, red. Min. Alexandre de Moraes, por maioria, j. 25.7.2017. Em outras palavras, a Corte entendeu que os guardas municipais não podem fazer greve, sendo que a paralisação não é considerada como tal e, portanto, não há matéria típica da relação de trabalho, mas sim inerente à segurança pública, que é da alçada da Justiça Comum. Também, pela incompetência da Justiça do Trabalho, nestes casos: TST, RODC-2166/2007-000-15-00.3, relª. Minª. Dora Maria da Costa, DJ 22.5.2009. Em face da decisão tomada pelo STF, algumas fontes informativas anunciaram que esta Corte havia julgado que as greves de servidores celetistas seriam da competência da Justiça Comum. Conforme visto, porém, a decisão do STF foi específica para os guardas municipais, responsáveis pela segurança pública e que, portanto, não podem fazer greve. A competência da Justiça do Trabalho, quanto aos demais servidores públicos, continua inalterada.

1.19. Na RCL n. 17.915 (Minª. Cármen Lúcia, j. 16.6.2014), o STF decidiu que os fatos inerentes à paralisação de policiais militares é da competência do primeiro grau de jurisdição da Justiça Comum, eis que, "por determinação *constitucional (art. 142, § 3º, incisos IV, combinado com o art. 42, § 1º), ao militar são proibidas a sindicalização e a greve, devendo, portanto, as autoridades competentes tomarem as providências legais necessárias para coibir quaisquer movimentos de greve deflagrados por militar, sob as penas das leis*" (Fonte: Informativo da sessão de julgamento). A Corte esclareceu que os MIs ns. 670 e 708 não se estendem aos policiais militares, sendo específicos para as categorias de servidores autorizados a fazer greve. Ou seja: para o STF, os tribunais não julgam, originariamente, atos que não podem se qualificar como greve, quando esta é vedada constitucionalmente; a competência primária é das Varas.

• Legislação:

1.21. Constituição Federal:

"Art. 9º É assegurado o direito de greve, competindo aos trabalhadores decidir sobre a oportunidade de exercê-lo e sobre os interesses que devam por meio dele defender.

§ 1º A lei definirá os serviços ou atividades essenciais e disporá sobre o atendimento das necessidades inadiáveis da comunidade.

§ 2º Os abusos cometidos sujeitam os responsáveis às penas da lei."

"Art. 37. (...) VI – o direito de greve será exercido nos termos e limites definidos em lei específica."

"Art. 142. (...) IV – ao militar serão proibidas a sindicalização e a greve."

• Jurisprudência:

• **1.31.** Na **Recl. n. 6.568/SP**, o STF deu interpretação bastante restritiva aos titulares do direito de greve. Veja-se:

"2. Servidores públicos que exercem atividades relacionadas à manutenção da ordem pública e à segurança pública, à administração da Justiça — aí os integrados nas chamadas carreiras de Estado, que exercem atividades indelegáveis, inclusive as de exação tributária — e à saúde pública. A conservação do bem comum exige que certas categorias de servidores públicos sejam privadas do exercício do direito de greve. Defesa dessa conservação e efetiva proteção de outros direitos igualmente salvaguardados pela Constituição do Brasil.

3. (...). Os servidores públicos são, seguramente, titulares do direito de greve. Essa é a regra. Ocorre, contudo, que entre os serviços públicos há alguns que a coesão social impõe sejam prestados plenamente, em sua totalidade. Atividades das quais dependam a manutenção da ordem pública e a segurança pública, a administração da Justiça — onde as carreiras de Estado, cujos membros exercem atividades indelegáveis, inclusive as de exação tributária — e a saúde pública não estão inseridos no elenco dos servidores alcançados por esse direito. Serviços públicos desenvolvidos por grupos armados: as atividades desenvolvidas pela polícia civil são análogas, para esse efeito, às dos militares, em relação aos quais a Constituição expressamente proíbe a greve (art. 142, § 3º, IV) (STF/Pleno, Recl. 6.568/SP, Min. Eros Grau, j. 21.5.2009, DJe 25.9.2009).

• **1.32.** DISSÍDIO COLETIVO. GREVE. ABUSIVIDADE. MOTIVAÇÃO. PRETENSÕES DE CARÁTER TRA-BALHISTA. 1 – A Constituição da República de 1988 (art. 9º, *caput*) elevou a greve à estatura de direito social, cabendo aos trabalhadores decidir sobre a oportunidade de exercê-la e sobre os interesses que devam por meio dela defender. 2 – Se se cuida de pretensão de natureza trabalhista, contrastável ante o empregador, a greve não se afigura abusiva, no tocante à motivação. 3 – Recurso ordinário interposto pela Empresa Suscitante a que se nega provimento, no particular (TST/SDC, RODC 85300-15.2005.5.15.0000, rel. Min. João Oreste Dalazen, DJU 25.11.1994, p. 32.389).

• **1.33.** RECURSO ORDINÁRIO. DISSÍDIO DE GREVE. NOMEAÇÃO PARA REITOR DA PONTIFÍCIA UNIVERSIDADE CATÓLICA DE SÃO PAULO – PUC. CANDIDATA MENOS VOTADA EM LISTA TRÍPLICE. OBSERVÂNCIA DO REGULAMENTO. PROTESTO COM **MOTIVAÇÃO POLÍTICA**. ABUSIVIDADE DA PARALISAÇÃO. 1. A Constituição da República de 1988, em seu art. 9º, assegura o direito de greve, competindo aos trabalhadores decidir sobre a oportunidade de exercê-lo e os interesses que devam por meio dele defender. 2. Todavia, embora o direito de greve não seja condicionado à previsão em lei, a própria Constituição (art. 114, § 1º) e a Lei n. 7.783/1989 (art. 3º) fixaram requisitos para o exercício do direito de greve (formais e materiais), sendo que a inobservância de tais requisitos constitui abuso do direito de greve (art. 14 da Lei n. 7.783). 3. Em um tal contexto, os interesses suscetíveis de serem defendidos por meio da greve dizem respeito a condições contratuais e ambientais de trabalho, ainda que já estipuladas, mas não cumpridas; em outras palavras, o objeto da greve está limitado a postulações capazes de serem atendidas por convenção ou acordo coletivo, laudo arbitral ou sentença normativa da Justiça do Trabalho, conforme lição do saudoso Ministro Arnaldo Süssekind, em conhecida obra. 4. Na hipótese vertente, os professores e os auxiliares administrativos da PUC se utilizaram da greve como meio de protesto pela não nomeação para o cargo de reitor do candidato que figurou no topo da lista tríplice, embora admitam que a escolha do candidato menos votado observou as normas regulamentares. Portanto, a greve não teve por objeto a criação de normas ou condições contratuais ou ambientais de trabalho, mas se tratou de movimento de **protesto**, com caráter político, extrapolando o âmbito laboral e denotando a abusividade material da paralisação. Recurso ordinário conhecido e provido, no tema (TST/SEDC, RO 51534-84.2012.5.02.0000, rel. Walmir Oliveira da Costa, j. 9.6.2014. Foram vencidos os Ministros: Mauricio Godinho Delgado, Maria de Assis Calsing e Kátia Arruda).

• **1.34.** RECURSO ORDINÁRIO INTERPOSTO PELO SINDICATO ECONÔMICO. DISSÍDIO DE GREVE. MOBILIZAÇÃO NACIONAL. **GREVE COM MOTIVAÇÃO POLÍTICA.** DIA NACIONAL DE LUTA. PARALISAÇÃO ABSOLUTA DAS ATIVIDADES PRESTADAS PELA CATEGORIA PROFISSIONAL DE EMPRESAS DE ÔNIBUS. ATIVIDADE ESSENCIAL. DESCUMPRIMENTO DE DECISÃO LIMINAR. MULTA INDEVIDA. 1. Trata-se de paralisação de toda atividade ligada ao transporte público do Município de Porto Alegre, ocorrida em 11.7.2013 – Dia Nacional de Luta. O Tribunal Regional do Trabalho da 4ª Região entendeu abusivo o movimento e condenou o sindicato profissional e econômico ao pagamento de multa por descumprimento da decisão liminar. 2. A Lei n. 7.783/89, em seu art. 11, considera também o segmento patronal como protagonista da ação tendente a garantir a prestação dos serviços indispensáveis à comunidade, no período de greve. 3. O dever de fiscalizar o cumprimento desse dispositivo, refletido na ordem judicial, contudo, não parece tarefa simples, diante do momento conflituoso por que passava o País e da deliberação prévia da categoria profissional de não observar, ainda que minimamente, o atendimento à população usuária do transporte coletivo. 3. A mobilização se deu por prazo ínfimo e determinado e não teve por escopo pressionar o segmento econômico. Esse, tanto quanto a sociedade, foi afetado pelo ânimo dos trabalhadores de dar visibilidade às suas demandas, num contexto amplo, de abrangência nacional. 4. Caso em que não se verifica a responsabilidade do Sindicato patronal pelo descumprimento da decisão liminar. Multa excluída. Recurso Ordinário a que se nega provimento (TST/SDC, RO 210457320135040000, relª. Maria de Assis Calsing, DEJT 18.12.2015).

• **1.35. Comitê de Liberdade Sindical (OIT), Recopilação 2006:**

• **Verbete 528.** As greves de caráter puramente político e as greves decididas sistematicamente muito tempo antes das negociações serem levadas a cabo, não caem no âmbito dos princípios de liberdade sindical.

• **Verbete 529.** Embora as greves de natureza puramente política não estejam cobertas pelos princípios da liberdade sindical, os sindicatos deveriam poder organizar greves de protesto, em especial para exercer uma crítica contra a política econômica e social do governo. As organizações sindicais deveriam ter a possibilidade de recorrer a greves de protesto, em particular com vistas a exercer uma crítica a respeito da política econômica e social dos governos.

• **Verbete 530.** Num caso em que a greve geral foi declarada como protesto contra um ordenamento sobre conciliação e arbitragem e que estava dirigida sem dúvida alguma contra a política do governo, o Comitê considerou que seria duvidoso que as queixas pudessem ser desconsideradas fundando-se em que a greve não era resultado de um conflito laboral, já que os sindicatos estavam em conflito com o governo em sua condição de empregador destacado, como consequência de uma medida tomada pelo mesmo em matéria de relações de trabalho e que na opinião dos sindicatos limitava o exercício dos direitos sindicais.

> **Parágrafo único.** O direito de greve será exercido na forma estabelecida nesta Lei.

• Comentários:

1.120. A Lei de Greve, ora anotada, foi elaborada para ser aplicada apenas ao setor privado, isto é, às relações de trabalho não regidas pelo Poder Público. Todavia, o STF (Supremo Tribunal Federal), ao julgar os Mandados de Injunção n. 670, 708 e 712 (votos confirmados em out/2007), definiu que esta lei seria aplicável subsidiariamente ao setor público, mas com determinadas adequações, que a própria Corte cuidou de realizar.

1.121. Interpretação da Lei de Greve: De índole trabalhista, a Lei sob comento recebe os influxos hermenêuticos do Direito do Trabalho, máxime as orientações contidas no art. 8º CLT, transcrito adiante. Como é natural dos conflitos coletivos de trabalho a busca pela **equidade** entre o capital e o trabalho (art. 766, CLT), o asseguramento do **equilíbrio** de forças, o incentivo à **conciliação** e a proteção ao **interesse público** são os principais elementos com que o hermeneuta trabalhará. Outrossim, a greve não pode ser compreendida sem a ótica das liberdades sindicais, do direito que os sindicatos têm de organizarem manifestações e da liberdade de todos em não trabalhar, ressalvadas situações excepcionais de predominância do interesse público primário.

- *Ver anotações ao art. 6º, especialmente os princípios da harmonização, da razoabilidade e da proporcionalidade.*

• Legislação:

1.22. CF, art. 37: *"VII – o direito de greve será exercido nos termos e nos limites definidos em lei específica".*

Esta disposição constitucional é para os servidores públicos. "Lei específica" significa que não será lei geral, ou seja, o Brasil adotará norma que tratará especificamente da greve no serviço público, e não de outras categorias, para as quais já existe a Lei n. 7.783/89.

1.23. CLT, com redação dada pela Lei n. 13.467/2017:

"Art. 8º. As autoridades administrativas e a Justiça do Trabalho, na falta de disposições legais ou contratuais, decidirão, conforme o caso, pela jurisprudência, por analogia, por equidade e outros princípios e normas gerais de direito, principalmente do direito do trabalho, e, ainda, de acordo com os usos e costumes, o direito comparado, mas sempre de maneira que nenhum interesse de classe ou particular prevaleça sobre o interesse público.

§ 1º O direito comum será fonte subsidiária do direito do trabalho.

§ 2º Súmulas e outros enunciados de jurisprudência editados pelo Tribunal Superior do Trabalho e pelos Tribunais Regionais do Trabalho não poderão restringir direitos legalmente previstos nem criar obrigações que não estejam previstas em lei.

§ 3º No exame de convenção coletiva ou acordo coletivo de trabalho, a Justiça do Trabalho analisará exclusivamente a conformidade dos elementos essenciais do negócio jurídico, respeitado o disposto no art. 104 da Lei n. 10.406, de 10 de janeiro de 2002 (Código Civil), e balizará sua atuação pelo princípio da intervenção mínima na autonomia da vontade coletiva."

"Art. 766. Nos dissídios sobre estipulação de salários, serão estabelecidas condições que, assegurando justos salários aos trabalhadores, permitam também justa retribuição às empresas interessadas."

Art. 2º Para os fins desta Lei, considera-se legítimo exercício do direito de greve a suspensão coletiva, temporária e pacífica, total ou parcial, de prestação pessoal de serviços a empregador.

• Comentários:

2.11. Elementos conceituais. Para a lei, conforme se vê deste art. 2º, greve é forma de **suspensão** de atividades, isto é, de paralisação do trabalho ordinário dos empregados. Logo, os expedientes que não implicam paralisação não são considerados greve, para efeitos da lei sob comento. Aí se encontram a operação tartaruga, o excesso de zelo, operação padrão etc. Estas modalidades tratam-se, na verdade, de manifestações dos trabalhadores, a merecer outro tipo de abordagem legal e de interpretação social do hermeneuta, voltadas a tutelar as liberdades sindicais.

O Comitê de Liberdade Sindical da OIT já assentou, no Enunciado n. 545 de sua Recopilação (2006): *"Quanto às modalidades do direito de greve denegado aos trabalhadores (paralisação intempestiva, trabalho a regulamento, greve de braços caídos, greves de zelo, trabalho a ritmo lento, ocupação da empresa ou do centro de trabalho), o Comitê considerou que tais limitações só se justificam nos casos em que a greve deixasse de ser pacífica".*

Para que possam atingir êxito, as greves precisam ser **rápidas e eficazes**. *Eficaz* é a greve que sensibiliza a empresa, alcançando-a em sua lucratividade e expondo-a ao público, promovida pelo menor número possível de trabalhadores. Daí, decorre o atendimento às reivindicações, total ou parcialmente. A *rapidez* consiste na obtenção de resultados em curto espaço de tempo. A prática tem demonstrado, no Brasil e em outros países, que a sucessão de atos ligeiros, o comportamento inesperado e ordenado dos manifestantes, com táticas previamente estudadas e executadas com precisão, desnorteiam empresas e tendem a conferir maior efetividade. É a *greve organizada*, que atinge em cheio o empregador e poupa a sociedade. Para obter tais resultados, as paralisações (etapas da greve) necessitam ser estudadas, preparadas antes de iniciar o procedimento; no seu curso devem ser acompanhadas, tuteladas passo a passo pelos organizadores; avaliadas constante e continuamente. Quanto maior a rapidez do movimento grevista, menor será a possibilidade de conflitar com outros direitos fundamentais.

Greves longas significam incapacidade das partes em dialogar e incompetência de ambos os lados. Os prejuízos causados são desastrosos, tanto econômicos, quanto políticos e sociais. A relação dialogal fica desgastada.

As greves no setor privado costumam ter curta duração, como devem ser efetivamente. Porém, em certos setores do serviço público há greves longas, quase intermináveis, o que demonstra descaso com a população, com a Administração e com os mecanismos de solução de conflitos coletivos (mediação, arbitragem etc.). Geralmente, os atores só vêem o Judiciário como órgão de resolução de seus conflitos. E, indo parar lá, a discussão se dá em desequilíbrio, porque se sabe a relação íntima entre Judiciário (Estado) e Administração Pública (Estado), sendo esta dotada de várias prerrogativas e privilégios. Em uma greve longa, sobretudo quando o gestor se recuse a sentar para dialogar com o sindicato de servidores, caberia a responsabilização pessoal das autoridades públicas respectivas, por sua incúria, omissão e, quiçá, improbidade.

2.12. Greve pacífica. Proibição de violência. O dispositivo da Lei n. 7.783/89, ao se referir a movimento **pacífico**, não pode ser levado ao rigor de sua literalidade, pois um movimento com centenas ou milhares de trabalhadores envolve muita tensão e grande variedade de comportamentos. Assim, é óbvio que a **violência** está proibida pela lei. Mas é preciso verificar, em cada situação concreta, o que possa ser considerado ato de violência, a depender da cultura natural a cada categoria e dos riscos que a conduta acarrete. Afinal, diversas violências também podem estar sendo perpetradas pelo empregador, como a coação psicológica, as ameaças de rescisão contratual, as pressões dentro ou fora da empresa, o mapeamento de quem são os grevistas para oportuno desligamento ou inscrição de seu nome em lista negra, sem falar nos motivos da greve, que podem consistir em exigência de trabalho degradante, falta de condições de trabalho, jornada excessiva, salários atrasados etc. Isto também é violência.

Em geral, os Tribunais pátrios têm entendido como atos de violência o bloqueio de passagem ou circulação de veículos da empresa, invasão ou ocupação de imóvel do empregador, ameaça aos empregados que aderem à paralisação e impedimento a que eles compareçam ao trabalho. Consideram assim, também, os atos de depredação, as ameaças a clientes da empresa, as condutas que implantem terror etc. Ameaças e atos desta natureza constituem manancial para as empresas se utilizarem de interditos possessórios (e proibitórios), o que — mesmo não configurando medidas totalmente adequadas, salvo para proteger a integridade da propriedade — recebem o beneplácito rotineiro do Judiciário.

A maior contribuição que o Poder Público pode dar à greve é equilibrar os polos do conflito e criar condições para a conciliação.

2.13. O não atendimento aos **requisitos legais para deflagração da greve** leva à sua ilegalidade. O procedimento da deflagração encontra-se na lei e nos estatutos.

Cada estatuto sindical indicará a maneira e prazos de convocação dos trabalhadores, o quórum da assembleia, modo de funcionamento dos debates e demais requisitos para deflagração da greve.

   • *Sobre os requisitos legais para deflagração da greve, vejam-se anotações ao art. 3º.*

2.14. Estado de greve. O *estado de greve* consiste em um alerta dirigido à população e ao empresariado de que a categoria está disposta a paralisar suas atividades se as negociações não receberem o devido impulso ou as reivindicações não forem atendidas. A legislação é omissa neste ponto, havendo corrente doutrinária que interpreta este silêncio do legislador como sendo proposital, para não permitir tal conduta.

Sob o ponto de vista da legislação pátria, é admissível a suspensão da greve enquanto as negociações coletivas incidentais sejam retomadas, o que justifica da categoria um "estado de greve", como sinal de boa-fé e disposição negocial. Caso a retomada negocial fracasse, a greve prossegue, sem necessidade do cumprimento dos requisitos iniciais para sua deflagração. Será má-fé se, com a retomada, as empresas alegarem a necessidade de se cumprirem, novamente, os requisitos de deflagração, uma vez que a suspensão fora condicionada ao prosseguimento da negociação e enquanto as tratativas perdurassem. Por outro lado, a suspensão deve ser clara, explicitando suas condições e definindo prazo de duração do processo negocial, pois além da empresa há interesse social que pode ser afetado ou surpreendido.

Quando o estado de greve é anunciado preambularmente e sem definição alguma de data de paralisação, eis que deixada em aberto, a legalidade da greve dependerá do cumprimento dos requisitos enunciados pelo art. 2º da Lei n. 7.783/89. É que a(s) entidade(s) patronal(is) não pode(m) ficar na indefinição da paralisação, sujeito(s) a que ela ocorra a qualquer momento (ou não). A finalidade da lei foi prevenir os interessados, inclusive a população, nos casos de serviços essenciais, o que exige data certa.

2.15. Greve ilegal ou abusiva. Embora a nomenclatura ainda surta discrepâncias, ainda há quem sustente que **greve ilegal** é a deflagrada sem observância dos procedimentos apropriados estabelecidos nesta lei. E **greve abusiva** é aquela em que os trabalhadores e/ou a entidade sindical ultrapassam dos limites deste direito fundamental para prejudicar outrem. Neste raciocínio, p. ex., a violência qualificaria o abuso; a falta de notificação às empresas caracterizaria a ilegalidade. A situação abusiva de direito, por excesso no seu exercício, encontra previsão no Código Civil brasileiro: "Art. 187. *Também comete ato ilícito o titular de um direito que, ao exercê-lo, excede manifestamente os limites impostos pelo seu fim econômico ou social, pela boa-fé ou pelos bons costumes*".

A prática jurisprudencial, no entanto, não adota esta distinção, preferindo denominar simplesmente de "greve abusiva" no caso de haver qualquer violação à Lei de Greve ou constatar excesso no seu exercício. Esta interpretação pretoriana se baseia na tese de que, no regime de liberdade sindical introduzido pela CF/88, a greve é naturalmente legal, não sendo admissível outra nomenclatura a não ser sua mera *abusividade*. Argumenta-se, também, com o art. 14 desta Lei n. 7.783/89: *"Constitui abuso do direito de greve a inobservância das normas contidas na presente Lei, bem como a manutenção da paralisação após a celebração de acordo, convenção ou decisão da Justiça do Trabalho"*.

- *Ver art. 14 e suas anotações.*

Dispõe o Enunciado n. 645, da Recopilação do Comitê de Liberdade Sindical da OIT, que *"Apesar de os trabalhadores e suas organizações terem a obrigação de respeitar a lei do país, a intervenção das forças de segurança em situações de greve deve limitar-se estritamente à manutenção da ordem pública"*.

2.16. Rito básico do Dissídio Coletivo. O rito dos dissídios coletivos, inclusive os de greve, encontra-se estabelecido na CLT (art. 856 e segs.), na Lei n. 7.701/88 e nos Regimentos Internos dos Tribunais.

Por regra geral, o dissídio é processado na Presidência do Tribunal (TRT ou TST, conforme a dimensão da paralisação), que promove a tentativa de conciliação, recebe a contestação, adota as medidas urgentes, instrui o processo e colhe a manifestação do MPT. Somente após estas diligências e se não houver acordo, o Presidente promoverá a distribuição do Dissídio a um relator. Nos Tribunais que possuam SDC-Seção de Dissídios Coletivos, a distribuição ocorrerá a um de seus membros, aleatoriamente. Segue-se, então, a fase de julgamento, perante o órgão colegiado, com o voto do Relator e ouvido o Revisor.

Ou seja, o julgamento do Dissídio não compete ao Presidente do Tribunal, cujas atribuições são apenas instrutórias, emergenciais e de preparação formal do processo. Portanto, sustentamos que, em princípio, o Presidente, monocraticamente, não pode decretar a abusividade da greve, porque invadiria a competência do Relator e do órgão colegiado, na medida em que promoveria decisão final sobre a paralisação, o que não é de sua alçada.

Sendo a decisão proferida pelo TRT, cabe Recurso Ordinário para o TST, no prazo de 08 dias. No TST, a Seção de Dissídios Coletivos julgará o apelo. Se o Dissídio correr originariamente no TST (SDC), somente serão admissíveis recursos internos para a própria SDC, como Embargos de Declaração (05 dias) e, eventualmente, Embargos de Divergência (08 dias, art. 894, CLT). A parte contrária terá prazo idêntico (08 dias) para contra-arrazoar o recurso, caso queira.

As decisões liminares podem ser atacadas por Agravo Regimental, conforme disponha o Regimento Interno do respectivo Tribunal do Trabalho (TRT ou TST), em 08 dias.

2.17. Decretação de ilegalidade ou abusividade da greve. Liminares de abusividade. As providências cautelares, assecuratórias do processo, que não tenham condições de aguardar a tutela pelo futuro Relator, em face da premência circunstancial, podem ser adotadas pelo Presidente da Corte. O mesmo se diga de algumas medidas de evidência, quando o direito estiver comprovado documentalmente, como é o caso de ordem para que os grevistas não pratiquem ou deixem de praticar atos de violência, com imposição de multa por eventual descumprimento. Porém, as antecipações de mérito, que acarretem risco de irreversibilidade, a exemplo da decretação liminar de ilegalidade ou abusividade de greve, invadem a competência do Relator, a quem o Tribunal confia, legal e regimentalmente, atribuições específicas.

Observe-se que o julgamento final do mérito é da competência do colegiado, sob a relatoria de um magistrado. Esta é a regra e a inteligência do Estado de Direito, perante um conflito que não pode ser tratado como as causas individuais, pois se atribui ao Judiciário o poder normativo. Somente por exceção o Tribunal outorga competência antecipativa ao juízo monocrático (Presidente ou Relator), que pode, então, adotar providências deste jaez em nome da Corte e por ela revogável. Sendo esta uma regra de exceção à competência plenária, a interpretação que sobre ela recai deve ser a restritiva, senão a literal.

Conquanto se reconheça o interesse social e a urgência que permeiam os conflitos coletivos, máxime os de greve, não se deve permitir a flexibilização de regras de competência funcional (e, pois, absoluta), sob pena de se macular, fora do alcance da proporcionalidade, os princípios constitucionais do juiz natural e da segurança jurídica.

Além deste aspecto competencial, nos Dissídios de declaração de abusividade de greve, a natureza do pleito, por si só, diante do arcabouço jurídico-axiológico contido na CF/88, é incompatível com o Juízo monocrático, sobretudo quando não se concedeu à outra parte a oportunidade de falar nos autos, em clara afronta aos princípios do contraditório e da ampla defesa. Ou seja, a declaração de abusividade da greve, sobretudo quando pontificada com determinação de retorno dos trabalhadores aos seus postos de trabalho, *inaudita altera parte,* viola as mais comezinhas disposições sobre garantias processuais e os métodos de interpretação jurídica, que devem primar pela finalidade social.

A discussão sobre a abusividade da greve, não há como negar, diz respeito ao núcleo essencial da plausibilidade do que almeja o movimento paredista, relacionando-se, assim, com a própria legitimidade da greve. Sabe-se que, nas relações travadas entre empregador e empregado, já naturalmente complexas e reveladoras de interesses antagônicos, o estabelecimento das condições de trabalho e de remuneração é construído, necessariamente, por meio da participação de ambas as partes.

Ainda quando não haja consenso entre empregados e empregador quanto às condições de prestação de serviço e de remuneração — exigindo-se, pois, a participação do Poder Judiciário e do Ministério Público do Trabalho nas negociações —, deve ser oportunizada a manifestação, mesmo que sumária, das partes antes de qualquer provimento judicial. Somente dessa forma se estará a observar, satisfatoriamente, os princípios da ampla defesa e do contraditório, concedendo-se às partes a oportunidade de influenciar, com seus argumentos e provas, na decisão a ser tomada.

Não cabe, assim, ao Juízo monocrático, especialmente Presidente ou Vice-Presidente da Corte, declarar liminarmente a abusividade da greve, notadamente quando não forem observados o contraditório e a ampla defesa. Seria invasão da competência plenária.

Esta foi a Inteligência esposada pelo TRT-7ª Região, em provocação do MPT/PRT-7ª Região (AgReg 0007133-30.2010.5.07.0000, no DC 6065-45.2010.5.07.0000).

• *Sobre tutela de urgência e tutela de evidência, vejam-se as anotações ao art. 12, desta Lei.*

1.18. Servidores públicos. Dissídio coletivo. Competência e rito. No exercício do poder normativo, os tribunais trabalhistas podem estabelecer normas sobre recomposição salarial e condições de trabalho, utilizando-se da *equidade*. Este poder é essencial na apreciação das greves. Todavia, as coisas se complicam juridicamente quando se tratam de greve no serviço público, pois os tribunais comuns brasileiros não possuem expressamente o poder normativo nem agem por equidade, sendo Cortes de apreciação da *legalidade*.

A matéria foi decidida pelo STF/Pleno, no MI n. 712-8/PA (Min. Eros Grau), no MI n. 708-0/DF (Min. Gilmar Mendes) e no MI n. 670-9/ES (Min. Gilmar Mendes, DJe 31.10.2008), todos com julgamentos concluídos em 25.10.2007 e publicados no DJe 31.10.2008, referentes ao direito de greve dos servidores públicos, inclusive definindo a competência da Justiça Comum para os estatutários. No STF/Pleno, ADI n. 3.395-6/DF (Min. Cezar Peluso, DJ 10.11.2006), a Corte retirou da Justiça do Trabalho a competência para julgar ações judiciais envolvendo servidores públicos estatutários ou regidos por regime administrativo (art. 114-I, CF, redação dada pela Emenda n. 45/2004).

Por força de tais decisões, o STF criou um estranho *Poder Normativo* à Justiça Comum (Estadual e Federal), esclarecendo que, no julgamento de Dissídios Coletivos, seus tribunais aplicariam a Lei n. 7.701/88, que rege o processamento de tais ações na Justiça do Trabalho. Neste sentido, destacam-se o MI n. 708-0/DF e o MI n. 670-9/ES, pelos quais ficou esclarecido que o dissídio de greve deve ser julgado pelos Tribunais, não pelo primeiro grau de jurisdição, o que, todavia, não vem sendo rigorosamente cumprido.

No MI 708/DF, Min. Gilmar Mendes, a Corte assentou: "6.3. Até a devida disciplina legislativa, devem-se definir as situações provisórias de competência constitucional para a apreciação desses dissídios no contexto nacional, regional, estadual e municipal. Assim, nas condições acima especificadas, se a paralisação for de âmbito nacional, ou abranger mais de uma região da justiça federal, ou ainda, compreender mais de uma unidade da federação, a competência para o dissídio de greve será do Superior Tribunal de Justiça (por aplicação analógica do art. 2º, I, a, da Lei n. 7.701/1988). Ainda no âmbito federal, se a controvérsia estiver adstrita a uma única região da justiça federal, a competência será dos Tribunais Regionais Federais (aplicação analógica do art. 6º da Lei n. 7.701/1988). Para o caso da jurisdição no contexto estadual ou municipal, se a controvérsia estiver adstrita a uma unidade da federação, a competência será do respectivo Tribunal de Justiça (também por aplicação analógica do art. 6º da Lei n. 7.701/1988)".

• *Ver anotações ao art. 16, desta Lei.*

• Jurisprudência:

• **2.31. TST, OJ 10/SDC:** "GREVE ABUSIVA NÃO GERA EFEITOS: É incompatível com a declaração de abusividade de movimento grevista o estabelecimento de quaisquer vantagens ou garantias a seus partícipes, que assumiram os riscos inerentes à utilização do instrumento de pressão máximo".

• **2.32. TST, OJ 11/SDC:** "GREVE. IMPRESCINDIBILIDADE DE TENTATIVA DIRETA E PACÍFICA DA SOLUÇÃO DO CONFLITO. ETAPA NEGOCIAL PRÉVIA. É abusiva a greve levada a efeito sem que as partes hajam tentado, direta e pacificamente, solucionar o conflito que lhe constitui o objeto".

• **2.33. TST, PN 29/SDC:** GREVE. COMPETÊNCIA DOS TRIBUNAIS PARA DECLARÁ-LA ABUSIVA (positivo). Compete aos Tribunais do Trabalho decidir sobre o abuso do direito de greve.

• **2.34.** RECURSO ORDINÁRIO. DISSÍDIO COLETIVO DE GREVE. PROFESSOR. VÍNCULO EMPREGATÍCIO COM MUNICÍPIO. OCUPAÇÃO DA PREFEITURA. GREVE ABUSIVA. **1.** Conquanto observados os requisitos formais da Lei de Greve, partindo-se da premissa de que a educação não se insere entre as atividades essenciais para os fins do art. 10 da Lei n. 7.783/89, por lhe faltar o sentido de urgência, que marca as demais atividades ali expressamente consignadas, o caso aponta para abusividade da greve, por excesso de conduta. **2.** É incontroverso nos autos que os professores ocuparam a Prefeitura, com o propósito de lá permanecer até que o Poder Executivo cedesse ao aumento salarial nos moldes reivindicados. **3.** Não se pode ter como pacífica a ocupação da propriedade privada ou pública do empregador. A invasão, por si só, já consiste em ato belicoso, independentemente de resultar em dano efetivo à pessoa ou ao patrimônio, riscos inerentes à ação. Trata-se de atitude reprovável, contrária ao direito de greve, conforme deixa claro o art. 6º, § 1º, da Lei n. 7.783/89. **4.** Mantida a declaração de abusividade da greve, por fundamento diverso. DESCONTOS DOS DIAS DE PARALISAÇÃO. GREVE DE LONGA DURAÇÃO. REPOSIÇÃO DE AULAS. PAGAMENTO DEVIDO. DESCONTO SALARIAL RELATIVO AO RESTANTE DO PERÍODO NA FORMA DA JURISPRUDÊNCIA DA SDC. **1.** É devido o pagamento dos salários relativos aos dias de reposição das aulas perdidas com o movimento grevista. **2.** Restringe-se a autorização dos descontos salariais aos dias em que não houve reposição das aulas, respeitando-se apenas a metade desse período, para o referido fim, se ultrapassados 30 ou mais dias não compensados, na esteira da jurisprudência da Seção de Dissídios Coletivos. Recurso Ordinário parcialmente provido (TST/SDC, RO 52764.2015.5050000, Minª. Maria de Assis Calsing, DEJT 18.12.2015).

• **2.35.** AÇÃO DECLARATÓRIA. GREVE ABUSIVA. CONCILIAÇÃO. PERDA DO OBJETO. O exaurimento do movimento grevista com a conciliação das partes não se coaduna com a discussão da abusividade ou não da greve, uma vez que a concessão mútua de vantagens é incompatível com a declaração pretendida, sendo imperioso extinguir o processo sem resolução do mérito, pela perda do objeto (TRT-18ª Reg., DC 00204-2008-000-18-00-8, Rel. Gentil Pio de Oliveira, publ. 13.10.2008).

• **2.36.** ESTADO DE GREVE. DESPEDIDA. FRUSTRAÇÃO DO MOVIMENTO GREVISTA. **1.** Despedidas efetivadas quando os empregados achavam-se em -estado de greve-, no interregno entre greve de um dia e greve anunciada para o futuro. **2.** A proteção concedida pela Lei n. 7783/89 (art. 7º) destina-se ao contexto específico de uma paralisação concertada e coletiva do trabalho, a fim de que, durante o exercício do direito de greve, não se permita ao empregador proceder despedidas retaliativas ou frustrantes da própria greve. Não protege os empregados que se acham trabalhando normalmente, ainda que em — estado de greve — ante a perspectiva de futuro e planejado movimento paredista. **3.** Vulnera diretamente o art. 7º, da Lei n. 7.783/89, decisão que determina a reintegração de empregados despedidos em estado de greve. **4.** Recurso de revista conhecido e provido para afastar a ordem de reintegração (TST/1ªT., RR 503024-73.1998.5.17.5555, Min. João Oreste Dalazen, DJ 14.5.2001).

• **2.37.** RECURSO ORDINÁRIO EM DISSÍDIO COLETIVO. GREVE. VIGÊNCIA DE CONVENÇÃO COLETIVA DE TRABALHO. FALTA DE PROVA QUANTO AO ESGOTAMENTO DA NEGOCIAÇÃO COLETIVA. ABUSIVIDADE. De acordo com o art. 14 da Lei n. 7.783/89, é abusiva a greve deflagrada na vigência de acordo, convenção ou sentença normativa, salvo se tiver por objetivo o cumprimento de cláusula ou condição ou se motivada pela superveniência de fato novo ou acontecimento imprevisto que modifique substancialmente a relação de trabalho. Bem se compreende os propósitos do legislador. Afinal, pela via autônoma ou mediante sentença normativa, as condições de trabalho já se encontram pacificadas e a greve, nesse contexto, causa insegurança, afronta a boa-fé inerente à negociação coletiva e desconsidera o esforço da Justiça do Trabalho. Nesse contexto, é dado ao Sindicato iniciar a convocação da categoria para deliberar a propósito das reivindicações relativas à data-base antes do seu advento. O que não se permite, contudo, é a abrupta paralisação dos serviços sem que se comprove a frustração da negociação coletiva, conforme exige o art. 3º da

Lei de Greve. Se, ao tempo em que deflagrada a greve, vigorava convenção coletiva de trabalho, somente se identificada uma das exceções à lei, ou se comprovado o esgotamento da negociação coletiva, o que não se demonstrou nos autos, a greve não se revela abusiva. Recurso ordinário a que se nega provimento (TST/ SDC, RO 2025700502009502 2025700-50.2009.5.02.0000, Min. Márcio Eurico Vitral Amaro, DEJT 19.8.2011).

• **2.38.** DISSÍDIO COLETIVO. GREVE. ABUSIVIDADE. OPOSIÇÃO. DISPUTA INTERSINDICAL DE REPRESENTATIVIDADE. 1. Dissídio coletivo de greve ajuizado por Empresa em face de Sindicato profissional em cujo bojo também **se discute a própria representatividade sindical dos empregados**, por força de oposição apresentada por um segundo sindicato profissional. 2. A greve, segundo a lei brasileira, é um direito coletivo caracterizado pela paralisação concertada do labor. É e deve ser exercido esse direito pelo sindicato representativo da categoria profissional. Logo, se se quer responsabilizar determinado Sindicato pelo movimento paredista, **inafastável a exigência de que componha a relação processual**. 3. Evidenciada a representatividade do Sindicato profissional Suscitado e não do Sindicato profissional opoente, mantém-se o acórdão recorrido no que julgou improcedente a oposição. 4. Recurso ordinário interposto pelo Sindicato dos Trabalhadores nas Indústrias Metalúrgicas, Mecânicas e de Material Elétrico de Santo André, Mauá, Ribeirão Pires e Rio Grande da Serra a que se nega provimento (TST/SDC, RODC 2001200-90.2004.5.02.0000, Rel. João Oreste Dalazen, DJ 8.2.2008).

• **2.39.** DISSÍDIO COLETIVO. GREVE ABUSIVA. MOVIMENTO ORQUESTRADO POR SINDICATO QUE NÃO DETÉM A REPRESENTAÇÃO DOS TRABALHADORES. INVIÁVEL. Abusa de um direito quem o detém. Sendo a greve organizada por sindicato que não representa os trabalhadores, não há falar em abusividade desta paralisação, restando, portanto, inadequada a via eleita para reconhecer a ilegitimidade do movimento e a partir daí fixar consequências jurídico-trabalhistas. Processo extinta sem resolução do mérito. Vistos, relatados e discutidos estes autos de Dissídio Coletivo, com pedido de declaração de abusividade de movimento grevista, instaurado por ENESA ENGENHARIA S/A em face, originariamente, de SINDICATO DOS TRABALHADORES NA INDÚSTRIA DA CONSTRUÇÃO CIVIL, CONSTRUÇÃO PESADA, MOBILIÁRIO, ARTEFATOS DE CIMENTO E OBRAS DE ARTE DE SÃO LUÍS/MA e, após oposição ofertada, em face de SINDICATO DOS TRABALHADORES NAS INDÚSTRIAS METALÚRGICAS, SIDERÚGICAS, MECÂNICAS E DE MATERIAL ELÉTRICO, ELETRÔNICO, DE REFRIGERAÇÃO, DE INFORMÁTICA E NAS EMPRESAS DE MANUTENÇÃO E MONTAGEM NO ESTADO DO MARANHÃO, acordam os Desembargadores do Tribunal Regional do Trabalho da 16ª Região, por unanimidade, extinguir o processo sem resolução do mérito, nos termos deste voto (TRT-16ª Reg., DC 01245-2001-000-16-00-6, rel. José Evandro de Souza, publ. 3.10.2008).

• **2.310.** DISSÍDIO COLETIVO. GREVE NÃO ABUSIVA. ILEGITIMIDADE PASSIVA DO SUSCITADO PARA REPRESENTAR OS EMPREGADOS DO SUSCITANTE. DESCONTOS DOS DIAS PARADOS EM PREJUÍZO DESTES. IMPOSSIBILIDADE. ATO ILÍCITO DO SUSCITADO. AÇÃO IMPROCEDENTE. Se o Suscitado SITRAMONTI/MG não tinha legitimidade passiva para representar os trabalhadores do Consórcio Suscitante, cabe-lhe responder pelo pagamento do desconto salarial dos dias parados, e não os empregados do Suscitante. O Suscitado SITRAMONTI/MG cometeu um ato ilícito (art. 186 do Código Civil) e dele é a responsabilidade civil referente à greve praticada contra o Consórcio Suscitante (TRT-3ª Reg., SDC, DC 0099600-39.2010.5.03.0000, red. Antonio Álvares da Silva, DEJT, 21.1.2011).

• **2.311.** DISSÍDIO COLETIVO. GREVE. NÃO ABUSIVIDADE. LAPSO TEMPORAL DE TRÊS ANOS. ACORDO. Desnecessário neste momento processual, e após quase três anos de encerramento do movimento paredista, rever seu julgamento à luz da Lei n. 7.783/89, seja para declará-la abusiva ou não, sobretudo após a concessão de vantagens econômicas aos grevistas, com previsão de abono, ainda que de parte dos dias parados. Assim, há que ser declarada a não abusividade da greve haja vista o decurso de cerca de três anos da prolação do acórdão anterior e a formalização de acordo entre as partes (TST/SDC, DC 0006160-72.2012.5.01.0000, rel. Mery Bucker Caminha, publ. 10.8.2015).

• 2.312. TRT-7ª Região, AgReg 0007133-30.2010.5.07.0000, no DC 6065-45.2010.5.07.0000: "Em verdade, cabe ao Presidente do Tribunal, em Dissídio Coletivo, ou mesmo em Dissídio de Greve (art. 165, § 1º, RI-TRT7), apenas a instrução do feito, o qual, empós, será distribuído aos Desembargadores Relator e Revisor para, ao final, ser julgado em plenário.

Ao instruir o processo coletivo, certamente, compete ainda ao Desembargador Presidente a determinação de medidas acautelatórias que se façam imprescindíveis, com vistas a dirimir possíveis conflitos incidentais entre as categorias patronal e profissional, ou mesmo com o fito de impor a manutenção mínima dos serviços prestados pela agremiação paredista, quando o litígio envolver atividade essencial, como no caso sob exame.

Entre elas, todavia, não se insere a declaração de abusividade do movimento de paralisação, cuja análise, em último caso, compete ao órgão colegiado. Quando muito, poder-se-ia estender o exame mais aprofundado da lide ao Relator para o qual distribuída a ação coletiva, empós devidamente instruída na forma regimental, figura esta que não se confunde com o papel desempenhado pelo Presidente do sodalício, ou quem suas vezes fizer, frise-se.

Observe-se o disposto no art. 122 do RI-TRT7, *verbis*:

'Art. 122. Compete ao relator:

[...]

XII – conceder a antecipação de tutela, de conformidade com o disposto no art. 273 do Código de Processo Civil, e determinar as providências cabíveis;'

Referido preceptivo interno, inerente à competência do Relator, não se estende ao Presidente do Tribunal enquanto responsável pela instrução do processo de Dissídio Coletivo, sem lhe retirar, por óbvio e essencial, como já dito, a competência para dirimir possíveis conflitos incidentais cuja urgência prescinda da distribuição ao Relator.

Guardadas, pois, as devidas distinções entre as atribuições do Presidente do Tribunal e do Desembargador Relator no Dissídio Coletivo de Greve, não se apresenta regimentalmente competente o primeiro para declarar, monocraticamente, a abusividade do movimento grevista, razão que impõe o provimento do apelo, neste tocante" (TRT-7ª Reg., AgReg 0007133-30.2010.5.07.0000, red. design. Des. José Antonio Parente da Silva, j. 13.9.2010, trecho do voto vencedor).

• 2.313. DIREITO CONSTITUCIONAL E ADMINISTRATIVO. SERVIDORES PÚBLICOS CIVIS. "OPERAÇÃO PADRÃO" OU "GREVE BRANCA". ILEGALIDADE. FRAUDE MANIFESTA À LEI DE GREVE. AGRAVO REGIMENTAL IMPROVIDO. DECISÃO UNÂNIME. Aos servidores públicos civis é assegurado o direito de greve, por expressa garantia constitucional. O tema, a propósito, está pacificado no âmbito do c. STF, que entendeu por aplicar àqueles as disposições contidas na Lei n. 7.783 /89, enquanto perdurar a lacuna quanto à regulamentação da greve de que trata o art. 37, VII, da CF/88. No entanto, quando se admite legal a greve no funcionalismo público, está-se falando de greve no seu sentido formal e material, e não a atípicos movimentos (disfarçados), como a "operação padrão" ou a "greve branca", que, em última análise, fraudam a Lei de Greve, porque, na espécie, embora a totalidade da categoria esteja presente ao local de trabalho, não está efetivamente trabalhando. Com efeito, o trabalhar menos, sob o pálio de uma denominada "operação-padrão" ou "greve branca", em artimanha engenhosa de disfarce de grave, com a quebra da regular prestação do serviço e em desfavor da eficiência de resultados, equivale a uma denegação da prestação do serviço de forma segura e adequada, com grave lesão ao trabalho. Noutras palavras: quem faz que trabalha, nada faz, senão prejudicar o usuário do serviço e, de consequência, descumprir o dever da Administração de prestá-lo a contento. À unanimidade de votos, negou-se provimento ao agravo regimental, sob o pálio de preponderar, na situação em exame, o interesse da Administração, que objetiva atender, com a devida presteza, os usuários dos seus serviços, quando estes, são, a toda evidência, consumidores do serviço público e, como tal, protegidos pela Constituição (TJ/PE, AGR 248983201 PE 0012850-58.2011.8.17.0000, rel. Jones Figueirêdo, j. 1º.8.2011).

• **2.314.** ADMINISTRATIVO. GREVE BRANCA. OPERAÇÃO PADRÃO. FINALIDADE DO ATO. ILEGALIDADE. Hipótese em que a ilegalidade está no desvio da finalidade do ato, pois a operação padrão não está sendo realizada com o fim de fiscalização mais eficiente, mas sim como meio de pressão para que o governo atenda às reivindicações da categoria (TRF-4ª Reg., 3ª T., REO 1305 RS 2002.71.03.001305-8, relª. Maria de Fátima Freitas Labarrère, DJ 21.5.2003).

Art. 3º Frustrada a negociação ou verificada a impossibilidade de recursos via arbitral, é facultada a cessação coletiva do trabalho. *(STF adapta esta redação ao servidor público)*

Parágrafo único. A entidade patronal correspondente ou os empregadores diretamente interessados serão notificados, com antecedência mínima de 48 (quarenta e oito) horas, da paralisação. *(STF adapta esta redação ao servidor público)*

• Comentários:

3.11. São **requisitos** para deflagração da greve: *(a)* realização de assembleia, na qual seja decidida a paralisação coletiva, com a respectiva Ata; *(b)* esgotamento da via negocial entre trabalhadores e empregadores; *(c)* comunicação às empresas ou ao sindicato que as representa, observado o prazo legal (48h ou 72h); *(d)* quando se tratar de atividades essenciais, também os usuários (população) devem ser informados da paralisação (art. 13, prazo de 72h de antecedência, pelo menos). Para o STF, os serviços da Administração Pública são considerados, ordinariamente, essenciais.

É possível que os **instrumentos coletivos de trabalho**, em especial com o advento da Lei n. 13.467/2017 (Lei da Reforma Trabalhista, art. 611-A, CLT), disciplinem melhor estes requisitos, estabelecendo, por exemplo, a necessidade de um número mínimo de rodadas de negociação entre as partes para que a greve seja deflagrada (cláusula de paz), o recurso da mediação ou a fixação de determinados procedimentos para o seu regular desenvolvimento. Contudo, os instrumentos coletivos de trabalho (Acordos e Convenções Coletivas) não podem fugir do quadro de razoabilidade para estipularem requisitos ou condições que, na prática, inviabilizem o direito fundamental à greve.

Nas **greves selvagens,** tais requisitos (legais ou convencionais) tendem a ser inobservados, deixando as diretorias dos sindicatos sem controle da categoria. Para se legitimar, as diretorias são levadas a reboque ou se aproximam dos líderes do movimento, passando a tutelar a paralisação. Greves selvagens são as anárquicas, sem controle, que surgem espontaneamente dos próprios trabalhadores, em que a aquiescência do sindicato não tem relevância para a paralisação. Não raramente, as decisões da categoria, nestas situações, são tomadas sem o conhecimento pelos sindicatos, os quais não raramente são surpreendidos com as liminares do Judiciário, ao notificá-los para atender aos requisitos da greve, sob pena de multas elevadas.

A inobservância aos requisitos procedimentais torna a greve ilegal, podendo ser suspensa por ordem judicial e, caso descumprida a determinação de retorno, pode haver a aplicação de sanções pelo Poder Público, como a imposição de multas, sem prejuízo da reparação cível pelos danos que o movimento tiver causado às empresas ou à população. A determinação de retorno, considerando a liberdade de trabalho — e seu reverso, a de não trabalhar — deve se restringir a situações e setores essenciais à vida, segurança e saúde da população.

Vem ganhando espaço na doutrina e na jurisprudência a chamada **greve ambiental,** que se caracteriza por ser uma paralisação com o objetivo de implementar condições de trabalho adequadas e seguras (meio ambiente de trabalho). Segundo a ministra Katia Magalhães Arruda, ao julgar recurso sobre a matéria, "para a análise dos requisitos de validade da greve ambiental devem ser considerados dois tipos de situação: os riscos comuns, em que os trabalhadores reivindicam melhores condições de trabalho, e os riscos incomuns, graves e iminentes, em que o risco para a saúde, integridade física e para a vida do trabalhador é imediato – e somente no segundo caso poderiam ser dispensados os requisitos da Lei n. 7.783/89" (TST/SDC, RO-1001747-35.2013.5.02.0000, j. 15.5.2017).

Ou seja, a **greve ambiental**, reconhecida a premência dos riscos aos trabalhadores, pode ser deflagrada sem a observância aos requisitos exigidos pela Lei de Greve, como a prévia notificação à empresa e à população, sendo indispensável, porém, que a decisão paredista seja coletiva, tomada pelos trabalhadores, mantida a exigência de ser pacífica, coletiva e temporária.

3.12. Sendo o último recurso da classe trabalhadora, a greve requer o esgotamento do canal negocial. A **negociação** pode se dar diretamente entre patrões e trabalhadores ou mediante a participação de um terceiro, alheio ao conflito. Se as partes chegarem a bom termo por si próprias, teremos por conciliado o conflito.

3.13. A **Mediação** é procedimento voluntário de solução dos conflitos, conduzido por alguém que, sem poder de decisão nem interesse na matéria, colabora para que as partes se componham. No plano trabalhista, as mediações costumam ser conduzidas pelo Ministério do Trabalho ou pelo Ministério Público do Trabalho (MPT), que desempenham mediação pública, gratuita.

3.14. Arbitragem. Outra maneira de tratar do conflito é através da arbitragem (Lei n. 9.307/1996), procedimento em que as partes elegem o árbitro para decidir o conflito. A decisão do árbitro equivale a sentença judicial, constituindo título executivo judicial (art. 515, VII, CPC), o qual pode ser desfeito por ação anulatória promovida no juízo competente, comprovada a existências de vícios na arbitragem; ou por ocasião da impugnação ao cumprimento de sentença (art. 33, § 3º, Lei n. 9.307/96).

3.15. Ambas as modalidades, **Mediação e Arbitragem**, são procedimentos voluntários, que decorrem de deliberação das partes, inclusive quanto à escolha do mediador e do árbitro, podendo ser gratuitos ou não. As Convenções 98 e 153 da OIT estimulam estas práticas autocompositivas. Na mesma linha, a Convenção n. 151 — OIT também orienta a adoção de mediação e arbitragem na Administração Pública, nas relações com seus servidores.

3.16. Nada impede que, estando em curso Dissídio Coletivo, as partes decidam **suspendê-lo** (art. 313, II, CPC) para negociarem fora dos autos ou incidentalmente a eles, apresentando ao Judiciário, oportunamente, o resultado. Então, alcançado o intento negocial, poderão, perante o órgão julgador, conforme o Regimento Interno da Corte: (a) solicitarem **homologação** do acordado, acarretando a extinção do feito com resolução de mérito (art. 487, III-b, CPC) — ver OJ n. 34, SDC/TST; (b) solicitarem conjuntamente **desistência** do Dissídio, levando à extinção do processo sem resolução de mérito (art. 485, VIII, CPC); (c) solicitarem a extinção do processo sem resolução de mérito, em razão do **acordo extrajudicial entre as partes**, a demonstrar a perda do interesse processual na ação (art. 493 e art. 485, VI, CPC).

3.17. Quando houver greve, o ajuizamento de Dissídio Coletivo não precisa ser precedido do **"comum acordo"** a que se refere o art. 114, § 2º, CF. Este requisito é exigido apenas para os demais dissídios.

3.18. Comunicação: a exigência de notificação prévia (48h) ao empregador busca evitar a "greve surpresa", por entender que a bilateralidade contratual impõe que nenhuma parte seja surpreendida pela suspensão das obrigações da outra, além de que a atividade empresarial cumpre uma função social perante a sociedade, que também é prejudicada com as paralisações coletivas.

A lei fala em "notificação" à entidade patronal ou aos empregadores interessados. Então, não vale simples publicação de edital ou de nota em jornal, mesmo que de grande circulação, para dar ciência da paralisação. É preciso que se notifique por carta, Ofício, *e-mail* oficial no qual se assegure do recebimento pelo destinatário etc.

Não se pode esquecer, porém, que há necessidade, também, de se dar ciência à população usuária dos serviços que serão suspensos, quando se tratar de greve em **atividade essencial**, nos termos do art. 13 desta mesma Lei n. 7.783/89 (72h de antecedência). Este prazo diferenciado é em benefício da população e do empregador, em face das peculiaridades e do interesse público subjacente às atividades essenciais.

3.19. Contagem de prazo: Segundo o art. 219, CPC, os prazos fixados em "dias" são contados em *dias úteis*, excluindo-se o primeiro e computando-se o último. Esta é regra que trata de prazo *processual*. Não é o que acontece com a Lei de Greve, cujo prazo (48h ou 72h) é de direito *material*, regendo-se pelo Código Civil, que explicita, em seu art. 132: *"§ 4º. Os prazos fixados por hora contar-se-ão de minuto a minuto"*.

Ademais, ao apresentar suas conclusões sobre *"Quadro Comparativo do Novo CPC – Lei n. 13.105/2015"*, o STJ explica: "Art. 212 [do CPC] prevê que os prazos serão contados em dias úteis. Aplicável somente nos prazos processuais em dias (art. 219), e quando não há prazo definido em horas, meses, etc."

Os prazos contados minuto a minuto, em regra, não se suspendem nem se interrompem, iniciando-se sua contagem imediatamente à ciência inequívoca por seu destinatário. Daí a importância de se colher a aposição da hora precisa do recebimento da comunicação.

Embora se trate de prazo fixado em "horas", nas notificações presumidas ou fictícias, como sucede com as comunicações veiculadas por editais publicados em jornais de grande circulação ou em diários oficiais, mesmo eletrônicos, é aplicável, na contagem, a regra que exclui o primeiro dia, considerando que não há certeza da hora exata em que os destinatários tomaram ciência da comunicação.

• Servidores Públicos:

3.120. Por força do MI n. 712, STF (Min. Eros Grau, j. 12.04.2007), a redação deste dispositivo, especificamente para os servidores públicos, até que lei trate da matéria é a seguinte (observe a modificação dada pelo STF, ora grifada):

> "**Art. 3º** Frustrada a negociação ou verificada a impossibilidade de recursos via arbitral, é facultada a cessação **parcial** do trabalho.
>
> Parágrafo Único. A entidade patronal correspondente ou os empregadores diretamente interessados serão notificados, com antecedência mínima de **72 (setenta e duas) horas**, da paralisação."

Observe-se das modificações empreendidas pelo STF ao texto legal, a greve no serviço público não pode ser total, há de ser, obrigatoriamente, parcial, por pressupor que toda a atividade pública é essencial. Isso também justifica a exigência do prazo de 72h exigido para o sindicato comunicar à Administração e à população a data de deflagração da greve.

• Legislação:

> • **3.21. Constituição Federal, art. 114:** "§ 2º. Recusando-se qualquer das partes à <u>negociação coletiva</u> ou à <u>arbitragem</u>, é facultado às mesmas, de <u>comum acordo</u>, ajuizar dissídio coletivo de natureza econômica, podendo a Justiça do Trabalho decidir o conflito, respeitadas as disposições mínimas legais de proteção ao trabalho, bem como as convencionadas anteriormente."

> • **3.22. LC n. 75/93:** "Art. 83. Compete ao Ministério Público do Trabalho o exercício das seguintes atribuições junto aos órgãos da Justiça do Trabalho: XI – atuar como <u>árbitro</u>, se assim for solicitado pelas partes, nos dissídios de competência da Justiça do Trabalho".

> • **3.23. Lei n. 10.192/2001:**

> "Art. 10. Os salários e as demais condições referentes ao trabalho continuam a ser fixados e revistos, na respectiva data-base anual, por intermédio da livre negociação coletiva.

> Art. 11. Frustrada a negociação entre as partes, promovida diretamente ou através de mediador, poderá ser ajuizada a ação de dissídio coletivo.

> § 1º O mediador será designado de comum acordo pelas partes ou, a pedido destas, pelo Ministério do Trabalho e Emprego, na forma da regulamentação de que trata o § 5º deste artigo.

> § 2º A parte que se considerar sem as condições adequadas para, em situação de equilíbrio, participar da negociação direta, poderá, desde logo, solicitar ao Ministério do Trabalho e Emprego a designação de mediador, que convocará a outra parte.

> § 3º O mediador designado terá prazo de até trinta dias para a conclusão do processo de negociação, salvo acordo expresso com as partes interessadas.

> § 4º Não alcançado o entendimento entre as partes, ou recusando-se qualquer delas à mediação, lavrar-se-á ata contendo as causas motivadoras do conflito e as reivindicações de natureza econômica, documento que instruirá a representação para o ajuizamento do dissídio coletivo.

> § 5º O Poder Executivo regulamentará o disposto neste artigo."

• Jurisprudência:

> • **3.31. TST, OJ 11/SDC:** "É abusiva a greve levada a efeito sem que as partes hajam tentado, direta e pacificamente, solucionar o conflito que lhe constitui o objeto".

> • **3.32. TST, OJ 34/SDC:** "ACORDO EXTRAJUDICIAL. HOMOLOGAÇÃO. JUSTIÇA DO TRABALHO. PRESCINDIBILIDADE. É desnecessária a homologação, por Tribunal Trabalhista, do acordo extrajudicialmente celebrado, sendo suficiente, para que surta efeitos, sua formalização perante o Ministério do Trabalho (art. 614 da CLT e art. 7º, inciso XXVI, da Constituição Federal)".

• **3.33.** DISSÍDIO COLETIVO. GREVE. ACORDO COLETIVO. PERDA DO OBJETO. **A celebração de Acordo Coletivo do Trabalho entre a empresa suscitada e o respectivo sindicato obreiro resulta na perda do objeto do dissídio coletivo**, por meio do qual o Ministério Público do Trabalho, deflagrado o movimento paredista pelos trabalhadores, perseguia o julgamento das reivindicações tituladas pelas partes convenentes. Processo extinto, sem resolução do mérito, com fulcro no inciso VI, do art. 267, do Código de Processo Civil brasileiro, subsidiariamente aplicado ao processo do trabalho, na forma dos arts. 8º, parágrafo único, e 769, da CLT (TRT-7ª Reg., Pleno, DC 0408600-8120075070000, rel. Manoel Arízio Eduardo de Castro, DOJTe 13.5.2009).

• **3.34.** DISSÍDIO COLETIVO DE GREVE. RECURSO ORDINÁRIO. MOVIMENTO PAREDISTA DEFINI-DO PELA DOUTRINA COMO GREVE AMBIENTAL. RISCOS COMUNS. AUSÊNCIA DOS REQUISITOS FORMAIS DA LEI N. 7.783/89. GREVE ABUSIVA. A doutrina, ao analisar os requisitos de validade da greve ambiental, leva em consideração dois tipos de situação: os riscos comuns, em que os trabalhadores reivindicam melhores condições de trabalho, e os riscos incomuns, graves e iminentes, em que o risco para a saúde, integridade física e para a vida do trabalhador é imediato. Na greve motivada por circunstância de risco comum, o entendimento que prevalece é de que os trabalhadores devem observar os requisitos formais da Lei n. 7.783/89 para a deflagração do movimento paredista. Já na outra hipótese, riscos incomuns, graves e iminentes, afasta-se a exigência necessidade do cumprimento dos referidos requisitos, pois não há tempo para o atendimento de tais formalidades em decorrência dos riscos graves e iminente presentes nos locais de trabalho. No caso, a greve foi realizada em razão das seguintes reivindicações: participação nos lucros e resultados; fornecimento gratuito do convênio médico a todos os trabalhadores e seus dependentes; imediata melhoria na qualidade das cestas básicas; regularização dos documentos inerentes à CIPA; imediata regularização no vestiário e sanitários da Empresa; melhoria no refeitório; carga horária de 12 (doze) horas e banco de horas. Infere-se que, ainda que se possa considerar que a paralisação dos trabalhadores está relacionada com a preservação da saúde física e psicológica da categoria, as reivindicações da categoria, que motivaram a eclosão da greve, ou são de discutível configuração do que tem sido chamado pela doutrina de "greve ambiental" ou não se enquadram nas hipóteses de risco grave e iminente, a ponto de legitimar a deflagração da greve sem a observância dos requisitos formais da Lei n. 7.783/89. Precedente da SDC. Recurso ordinário a que se dá provimento. (...) (TST/SDC, RO 1001747-35.2013.5.02.0000, Minª. Kátia Magalhães Arruda, publ. 19.5.2017).

• **3.35.** RECURSO ORDINÁRIO EM DISSÍDIO COLETIVO. GREVE. ABUSIVIDADE. AUSÊNCIA DE NEGOCIAÇÃO PRÉVIA. NÃO CONFIGURAÇÃO. RECUSA DA EMPRESA. A Lei n. 7.783/89, art. 3º, dispõe que — frustrada a negociação coletiva ou verificada a impossibilidade de recurso via arbitral, é facultada a cessação coletiva do trabalho. Logo, é requisito para a greve a frustração da negociação ou a impossibilidade de recurso via arbitral. Nesses termos, firmou-se o entendimento da Orientação Jurisprudencial n. 11 da SDC. De outro lado, se demonstrado o esforço e o insucesso na negociação coletiva relativa a pretensões contrastáveis perante o empregador, a resolução sobre a greve compete aos trabalhadores, em conformidade com critérios de oportunidade e interesse sobre os quais lhes incumbe exclusivamente decidir, nos termos do art. 1º da Lei n. 7.783/89. No caso em análise, há uma peculiaridade no tocante ao exame desta exigência legal. O Sindicato logrou demonstrar a completa indisposição da Empresa em empreender a negociação coletiva, embora contasse com quarenta e dois sócios empregados (fls. 503/505). Os comunicados de fls. 264 e 268 comprovam que o Sindicato encaminhava expedientes à Empresa que se recusava a recebê-los ou deles não tomava conhecimento, o que culminou, inclusive, em pedido de fiscalização formulado perante a Delegacia Regional do Trabalho (fls. 289). Tais fatos encontram amparo, também, em afirmações lançadas pela própria Recorrente nos autos. A título de ilustração, na petição inicial, alega-se que não se reconhece o Recorrido como representante de seus empregados cuja representação tocaria a um sindicato representante genericamente de empregados terceirizados, SINDEEPRES – Sindicato dos Empregados em Empresas de Prestação de Serviços a Terceiros, Colocação e Administração de Mão de Obra,

Lei de Greve Anotada 33

Trabalho Temporário, Leitura de Medidores e Entrega de Avisos do Estado de São Paulo (fls. 5 e 78/80). Em outro momento, enfatiza que alterou o enquadramento sindical de seus empregados, em sua maioria, — operadores de produção- e -assistentes técnicos — (fls. 139/141), por não ter condições de arcar com as normas coletivas celebradas pelo sindicato dos metalúrgicos (fls. 539). Assim, no caso em análise, ante a postura adotada pela Empresa ainda na fase anterior à eclosão da greve, reputo satisfeito o requisito da frustração da negociação coletiva prévia exigida no art. 3º, da Lei n. 7.783/89, de forma que a greve não se revela abusiva sob este viés. Recurso ordinário a que se nega provimento, no particular (TST/SDC, RO 385-86.2012.5.15.0000, rel. Márcio Eurico Vitral Amaro, DEJT 16.8.2013).

Art. 4º Caberá à entidade sindical correspondente convocar, na forma do seu estatuto, assembleia geral que definirá as reivindicações da categoria e deliberará sobre a paralisação coletiva da prestação de serviços. *(STF adapta esta redação ao servidor público)*

§ 1º O estatuto da entidade sindical deverá prever as formalidades de convocação e o *quorum* para a deliberação, tanto da deflagração quanto da cessação da greve.

• Comentários:

4.11. Assembleia geral deliberativa. O art. 4º começa dizendo que *"caberá à entidade sindical correspondente"* convocar assembleia geral para deliberação sobre a paralisação coletiva do trabalho. Isto significa que "associação" não possui poder de realizar a dita convocação, até porque, no modelo constitucional vigente, quem representa a categoria é seu sindicato.

Outra ilação, retirada de *"entidade sindical correspondente"*, é de que somente o sindicato que representa legalmente a categoria tem legitimidade para praticar os atos de greve.

Excepcionalmente, numa escala maior, é possível que entidades sindicais de grau superior (federações e confederações) convoquem os trabalhadores para discutirem a paralisação coletiva. Não é expediente usual, mas o Comitê de Liberdade Sindical da OIT — Organização Internacional do Trabalho compreende esta possibilidade, ao esclarecer, em sua Recopilação de 2006: *"525. A proibição imposta às federações e confederações de declarar a greve não é compatível com a Convenção n. 87".* Todavia, esta atuação das entidades sindicais de grau superior é *supletiva* dos sindicatos, não *substitutiva*, por força do art. 611, § 2º, CLT (STF, Recl. n. 3.488, rel. Carlos Ayres Brito; e TST/4ª T., RR 617756/1992.2, rel. Luiz Antonio Lazarim).

4.12. Embora a jurisprudência pátria tendesse a consagrar o art. 612, CLT, a propósito do *quorum* para deliberação, sempre fomos de opinião de que o presente art. 4º e seu § 1º remetem ao **estatuto sindical** a definição das formalidades de convocação da categoria e o *quorum* para que delibere sobre a greve. A jurisprudência mais recente é neste mesmo sentido, tanto que o TST, sintomaticamente, cancelou a OJ n. 13/SDC *(ver jurisprudência, adiante, neste mesmo artigo).*

O *quorum* de presentes à assembleia, todavia, há de obedecer ao princípio de razoabilidade para que se extraia um mínimo de legitimidade à deliberação. Afinal, a greve é da categoria, e não dos diretores da entidade sindical.

4.13. Pauta de reivindicações. Cabe à assembleia e a mais ninguém definir a pauta de reivindicações e, ainda, se a greve será deflagrada ou não. No art. 9º, CF, e no art. 1º desta Lei, a legislação foi expressa em outorgar à categoria de trabalhadores a definição das reivindicações e da oportunidade de deflagrar a greve, em cumprimento ao princípio da liberdade sindical. Agora, o art. 4º, *caput,* sob comento, segue a mesma linha.

A definição da pauta é essencial porque fixa os termos e a natureza das reivindicações, o que importará para as tratativas negociais. A pauta deve expressar a vontade da categoria, não pode ser alterada pela diretoria do sindicato nem pode sofrer influências externas. A vontade deve ser livre, sendo terminantemente vedada a presença de representantes de empregadores na assembleia, salvo se ela própria permitir. Caso contrário, estará configurada a conduta antissindical, a ensejar o sancionamento dos responsáveis, sendo comum o emprego da via judicial.

4.14. Sem o **edital** convocatório da assembleia e sem a realização desta, efetivamente, na qual fique decidida a deflagração da greve, não se pode falar em movimento legítimo nem legal. A diretoria do sindicato não tem autorização para, por si própria, deflagrar o movimento paredista; só a categoria, reunida em assembleia, poderá decidi-lo. De seu turno, a decisão da assembleia há de ficar consignada em documento, que é a **Ata** respectiva, documento comprobatório, judicial e extrajudicialmente, do que ali ocorreu. A prática de algumas entidades de gravar ou filmar a assembleia, apesar de salutar, não dispensa a Ata, documento formal inerente a este tipo de acontecimento. O dito documento, obviamente, deve conter assinatura de todos quantos participaram da assembleia, inclusive apontando o **quórum** de participação e de deliberação, para efeitos de conferência com as regras estatutárias.

4.15. A **cessação da greve** também ocorrerá por decisão da assembleia, observando a livre vontade da categoria. Se isso se der num contexto de apreciação das propostas oferecidas pela representação patronal, é preciso que elas também sejam apreciadas, mediante a submissão do sindicato profissional, seguida de debates, deliberações e votação. Somente com a aprovação da categoria e tendo esta decidido encerrar a paralisação é que se terá, de fato, por cumprida a formalidade essencial. Seguir-se-á, então, a elaboração da Ata da assembleia e coleta das respectivas assinaturas. Se a categoria rejeitar a proposta empresarial, mas, mesmo assim, resolver encerrar a greve, não há nenhum impedimento legal para que assim o faça.

• Servidores Públicos:

4.16. Por força do MI 712, STF (Min. Eros Grau, j. 12.04.2007), a redação deste dispositivo, especificamente para os servidores públicos, até que lei trate da matéria, é a seguinte (observe a modificação dada pelo STF, a seguir negritada):

> **"Art. 4º** Caberá à entidade sindical correspondente convocar, na forma do seu estatuto, assembleia geral que definirá as reivindicações da categoria e deliberará sobre a paralisação **parcial** da prestação de serviços".

O acréscimo mantém a coerência da Corte quanto ao art. 3º, já comentado naquela oportunidade *(ver anotação respectiva, ao art. 3º).* Para o STF, o serviço público não pode parar completamente; daí, a greve de servidores públicos há de ser sempre parcial.

• Legislação:

4.21. CLT: "Art. 612. *Os Sindicatos só poderão celebrar Convenções ou Acordos Coletivos de Trabalho, por deliberação de Assembleia Geral especialmente convocada para esse fim, consoante o disposto nos respectivos Estatutos, dependendo a validade da mesma do comparecimento e votação, em primeira convocação, de 2/3 (dois terços) dos associados da entidade, se se tratar de Convenção, e dos interessados, no caso de Acordo, e, em segunda, de 1/3 (um terço) dos mesmos*".

• Jurisprudência:

• **4.31. OJ n. 13-SDC/TST (cancelada em 2003):** "Mesmo após a promulgação da Constituição Federal de 1988, subordina-se a validade da assembleia de trabalhadores que legitima a atuação da entidade sindical respectiva em favor de seus interesses à observância do *'quorum'* estabelecido no art. 612 da CLT".

• **4.32.** RECURSO ORDINÁRIO EM DISSÍDIO COLETIVO. GREVE NA EMPRESA. ABUSIVIDADE. ASSEMBLEIA DELIBERATIVA. QUORUM. ART. 4º DA LEI DE GREVE. NEGOCIAÇÃO COLETIVA PRÉVIA. Para a deflagração de greve, o art. 4º, § 1º, da Lei n. 7.783/89, determina que se observe, quanto ao *quorum*, o estatuto da entidade. É dizer que a lei de greve não exige *quorum* qualificado para a deliberação sobre a realização da greve e não se aplica o art. 612 da CLT, que dispõe sobre o *quorum* necessário para a celebração de convenção coletiva e acordo coletivos de trabalho. No tocante ao desrespeito ao art. 3º, da Lei n. 7.783/89, a greve decorreu de recusa da Empresa em cumprir com reajuste salarial deferido em sentença normativa, situação que conduz à presunção de que já fracassada a negociação coletiva, fato que ensejou o ajuizamento do dissídio coletivo anterior, de modo que não ostenta sentido lógico exigir nova negociação coletiva como requisito para a deflagração da greve com essa motivação. NULIDADE DAS DISPENSAS OCORRIDAS DURANTE A GREVE. A Lei n. 7.783/89, art. 7º, parágrafo único, veda a rescisão de contrato de trabalho durante a greve, bem como a contratação de trabalhadores substitutos, exceto na ocorrência das hipóteses previstas nos arts. 9º e 14. Se a Suscitada atribui à greve dos empregados a rescisão do contrato com a Transpetro, a quem prestava serviços, certo é que os arts. 7º e 9º da Lei de Greve facultam a contratação dos serviços necessários a que se refere o art. 9º. Logo, não constitui motivo para que se considere autorizada a rescisão do contrato de trabalho dos empregados durante a greve cuja abusividade não se configurou, e, por conseguinte, não procede o pleito de declaração de que as dispensas ocorreram por culpa exclusiva dos empregados. DIAS DE PARALISAÇÃO. DESCONTO. Conquanto não abusiva, a greve suspende o contrato de trabalho, conforme o art. 7º da Lei n. 7.783/89. Em virtude da suspensão do contrato de trabalho, a Seção de Dissídios Coletivos firmou entendimento no sentido da possibilidade dos descontos dos dias de paralisação, ressalvadas as hipóteses de o empregador contribuir decisivamente, mediante conduta recriminável, para que a greve ocorra, como, por exemplo, no caso de atraso no pagamento de salários; no caso de *lockout*; e por acordo entre as partes. No caso, ocorreu o acordo entre as partes haja vista que em audiência ajustou-se a compensação dos dias parados à razão de duas horas diárias limitadas a dez horas semanais. Recurso a que se dá provimento para excluir a determinação de pagamento dos dias de paralisação, observada a compensação ajustada entre as partes (TST/SDC RO 2011500-04.2010.5.02.0000, Min. Márcio Eurico Vitral Amaro, DEJT 16.8.2013).

• **4.33.** RECURSO ORDINÁRIO EM DISSÍDIO COLETIVO. SINDICATO DOS TRABALHADORES EM TRANSPORTES RODOVIÁRIOS DE IJUÍ. AUSÊNCIA DE PRESSUPOSTO DE CONSTITUIÇÃO E DE DESENVOLVIMENTO VÁLIDO E REGULAR DO PROCESSO. NÃO COMPROVAÇÃO DO QUÓRUM DELIBERATIVO DE TRABALHADORES, NA ASSEMBLEIA. EXTINÇÃO DO PROCESSO, SEM RESOLUÇÃO DE MÉRITO. Em que pese o posicionamento atual desta Corte, no sentido de amenizar o excessivo rigor processual em relação ao quórum das assembleias, a presença de trabalhadores integrantes da categoria representada pelo sindicato profissional ainda é elemento caracterizador de sua representatividade e legitimidade para o ajuizamento do dissídio coletivo. Ocorre que não satisfaz essa exigência a presença exclusiva, na assembleia, de oito membros da diretoria, além da advogada do sindicato profissional, mormente se não há nenhuma menção, nas listas de presença, de que seriam integrantes da categoria dos trabalhadores em transportes rodoviários. Assim, considerando a nulidade das deliberações da assembleia, uma vez que não decorreram da vontade dos trabalhadores, e sim da própria Diretoria do Sindicato, o ajuizamento da ação carece efetivamente de pressuposto de constituição e de desenvolvimento válido e regular do processo, razão pela qual se mantém a decisão regional que extinguiu o processo, sem resolução de mérito, e nega-se provimento ao recurso. Recurso ordinário conhecido e não provido (TST/SDC, RO 20445-52.2013.5.04.0000, Min.ª Dora Maria da Costa, DEJT 17.4.2015).

§ 2º Na falta de entidade sindical, a assembleia geral dos trabalhadores interessados deliberará para os fins previstos no *"caput"*, constituindo comissão de negociação.

• Comentários:

4.17. O § 2º, acima, refere-se à *"falta de entidade sindical"*, e não **recusa** da entidade em coordenar a greve e a negociação coletiva. O sindicato que abandona a categoria perde legitimidade e pratica conduta antissindical, já que deixa de cumprir uma de suas principais atribuições, que é representar e defender seus representados. Ou seja, estar-se-á perante um dos mais evidentes casos de violação ao dever sindical de representação dos trabalhadores, podendo levar à cassação dos diretores. O dispositivo é excepcional, pois a Constituição Federal impõe a obrigatoriedade da participação do sindicato profissional na negociação coletiva (art. 8º, VI, CF). Mas a jurisprudência predominante ainda privilegia o art. 617, CLT (*ver transcrição em nota própria, na sequência deste artigo*), que se coaduna com a disposição legal aqui anotada.

Por outro lado, o legislador se acautelou quanto às categorias que não estejam organizadas em sindicatos. É certo que a **Federação** cumpre papel supletivo, na ausência de sindicato; mas, também é sabido que há uma dificuldade maior em que dita espécie de entidade sindical esteja perto do trabalhador para promover assembleia, colher sua pauta de reivindicação e promover movimento de paralisação. Por isso o legislador atribuiu, em caráter excepcional, a responsabilidade pela negociação a uma **comissão**, com a função precípua de satisfazer esta obrigação. Do contrário, o legislador deixaria os trabalhadores completamente desamparados e não propiciaria um canal de negociação, travando as portas à solução amigável do conflito.

A outorga de atribuições de negociação e de conduzir processo de paralisação a comissão de trabalhadores encontra resistência por alguns estudiosos de Direito do Trabalho, em face do art. 8º, VI, CF, que torna obrigatória a participação dos sindicatos nas negociações coletivas de trabalho. Todavia, o prejuízo social aos trabalhadores é menor se lhes conferir a faculdade de constituir comissão do que deixá-los sem representação alguma. É, portanto, de se adotar decisões do TST sobre a possibilidade excepcional de expedientes como este ocorrerem, ante a previsão do art. 617, CLT, que resistiu à Constituição Federal (TST/SBDI-I, E-ED-RR-1134676-43.2003.5.04.0900).

O TST, como se deduz do julgado acima referido, cuja ementa segue transcrita em anotações abaixo, tem posição mais ampla do que se enunciou no início das presentes considerações, eis que autoriza a formação de comissão de trabalhadores mesmo quando haja sindicato da categoria, desde que a entidade se recuse a negociar por eles.

Tal comissão não se trata daquela prevista pela CLT, no art. 510-A e seguintes (redação dada pela Lei n. 13.467/2017), que não possui estes poderes de negociar coletivamente nem de deflagrar greve ou de encerrá-la. A **Comissão de Representação de Trabalhadores nas Empresas** possui atribuições específicas (art. 510-B, CLT), que não podem conflitar com as prerrogativas dos sindicatos (art. 8º, CF). Inteligência que se adequa ao disposto na Convenção n. 135-OIT e Recomendação n. 143 — OIT.

• Legislação:

4.22. CF, art. 8º: "VI – é obrigatória a participação dos sindicatos nas negociações coletivas de trabalho".

4.23. CLT: "Art. 617. Os empregados de uma ou mais empresas que decidirem celebrar Acordo Coletivo de Trabalho com as respectivas empresas darão ciência de sua resolução, por escrito, ao Sindicato representativo da categoria profissional, que terá o prazo de 8 (oito) dias para assumir a direção dos entendimentos entre os interessados, devendo igual procedimento ser observado pelas empresas interessadas com relação ao Sindicato da respectiva categoria econômica.

§ 1º Expirado o prazo de 8 (oito) dias sem que o Sindicato tenha se desincumbido do encargo recebido, poderão os interessados dar conhecimento do fato à Federação a que estiver vinculado o Sindicato e, em falta dessa, à correspondente Confederação, para que, no mesmo prazo, assuma a direção dos entendimentos. Esgotado esse prazo, poderão os interessados prosseguir diretamente na negociação coletiva até final.

§ 2º Para o fim de deliberar sobre o Acordo, a entidade sindical convocará assembleia geral dos diretamente interessados, sindicalizados ou não, nos termos do art. 612".

4.24. Convenção n. 135-OIT:

"Art. 3º Para os fins da presente Convenção, os termos 'representantes dos trabalhadores' designam pessoas reconhecidas como tais pela legislação ou a prática nacional, quer sejam:

(a) Representantes sindicais, a saber representantes nomeados ou eleitos por sindicatos ou pelos membros de sindicatos;

(b Ou representantes eleitos, a saber representantes livremente eleitos pelos trabalhadores da empresa, conforme as disposições da legislação nacional ou de convenções coletivas, e cujas funções não se estendam a atividades que sejam reconhecidas, nos países interessados, como dependendo das prerrogativas exclusivas dos sindicatos".

"Art. 5º Quando uma empresa contar ao mesmo tempo com representantes sindicais e representantes eleitor, medidas adequadas deverão ser tomadas, cada vez que for necessário, para garantir que a presença de representantes eleitos não venha a ser utilizada para o enfraquecimento da situação dos sindicatos interessados ou de seus representantes e para incentivar a cooperação, relativa a todas as questões pertinentes, entre os representantes eleitos, por uma Parte, e os sindicatos interessados e seus representantes, por outra Parte."

"Art. 6º A aplicação das disposições da Convenção poderá ser assegurada mediante a legislação nacional, convenções coletivas e todo outro modo que seria conforme à prática nacional".

• Jurisprudência:

• **4.34. OJ 10-SDC/TST:** "É incompatível com a declaração de abusividade de movimento grevista o estabelecimento de quaisquer *vantagens ou garantias a seus partícipes, que assumiram os riscos inerentes à utilização do instrumento de pressão máximo".*

• **4.35. TST/SDC, RODC 13600-17.2008.5.17.0000:** "RECURSO ORDINÁRIO EM DISSÍDIO COLETIVO. EFEITOS DA DECLARAÇÃO DE ABUSIVIDADE DA GREVE. O texto aparentemente absoluto da OJ n. 10/SDC, por seu rigor, somente se aplica, como é óbvio, a situações de manifesta abusividade do movimento, em que as circunstâncias do caso não apresentem nenhuma concessão espontânea da contra-parte envolvida no movimento paredista. Entretanto, se a própria categoria patronal admite concessões para por fim ao movimento ou regulamentar com razoabilidade as condições de trabalho no ambiente coletivo, não pode o Judiciário isolar-se em rigorosa e impermeável torre de marfim, recusando-se a pacificar o conflito coletivo. Sendo este o caso dos autos, claramente distinto da hipótese aventada pela OJ n. 10/SDC, esta não incide, prevalecendo a sensata solução do Tribunal de origem. Recurso ordinário parcialmente provido" (Min. Mauricio Godinho Delgado, j. 10.8.2009).

• **4.36. Acordo direto entre empregados e a empresa. Recepção do art. 617 da CLT pelo art. 8º, VI, da CF. Recusa de participação do sindicato da categoria profissional na negociação coletiva. Necessidade de prova cabal.** O art. 8º, VI, da CF estabelece ser obrigatória a participação dos sindicatos nas negociações coletivas de trabalho. Já o art. 617, *caput*, da CLT, dispõe que os empregados que decidirem celebrar acordo coletivo de trabalho com as respectivas empresas darão ciência de sua resolução, por escrito, ao sindicato representativo da categoria profissional, que terá o prazo de oito dias para assumir a direção dos entendimentos entre os interessados. Caso não sejam tomadas as medidas negociais por parte do sindicato representativo da categoria, o § 1º do art. 617 da CLT autoriza a formalização de acordo diretamente entre as partes interessadas. Nesse sentido, reputa-se válido acordo firmado diretamente entre o empregador e empregados, sem a intermediação do sindicato da categoria profissional, desde que demonstradas a livre manifestação de vontade dos empregados em assembleia e a efetiva recusa da entidade sindical em consultar a coletividade interessada. O art. 617 da CLT, portanto, foi recepcionado pela Constituição Federal, mas em caráter excepcional, pois é imprescindível que o sindicato seja instado a participar da negociação coletiva. Somente a demonstração da inequívoca resistência da cúpula sindical em consultar as bases autoriza os próprios interessados, regularmente convocados, a firmarem diretamente o pacto coletivo com a empresa, na forma da lei. No caso concreto, em negociação direta entre o empregador e comissão de empregados acordou-se a fixação de jornada de trabalho em turnos ininterruptos de revezamento de doze horas. O TRT, todavia, com fundamento no art. 8º, VI, da CF, considerou inválido o referido acordo, deixando, porém, de apreciar os requisitos previstos no art. 617 da CLT. Assim, a SBDI-I, por unanimidade, conheceu dos embargos, no tópico, por divergência jurisprudencial, e, no mérito, por maioria, deu-lhes provimento parcial para, diante da recepção do art. 617 da CLT pela Constituição da República de 1988, determinar o retorno dos autos ao TRT de origem a fim de que aprecie o atendimento ou não dos requisitos exigidos no art. 617 da CLT para a validade do acordo coletivo de trabalho firmado sem assistência sindical, máxime no tocante à comprovação cabal ou não de recusa do sindicato da categoria profissional em participar da negociação coletiva. Vencidos os Ministros Luiz Philippe Vieira de Mello Filho, relator, Augusto César Leite de Carvalho, José Roberto Freire Pimenta e Hugo Carlos Scheuermann (TST/SBDI-I, E-ED-RR-1134676-43.2003.5.04.0900, rel. Luiz Philippe Vieira de Mello Filho, red. p/ acórdão Min. João Oreste Dalazen, 19.5.2016).

• **Também:** TST/SBDI-I, E-ED-RR 1134676-43.2003.5.04.0900.

Art. 5º A entidade sindical ou comissão especialmente eleita representará os interesses dos trabalhadores nas negociações ou na Justiça do Trabalho.

• Comentários:

5.11. Eleição de comissão negocial. De constitucionalidade duvidosa, em face do art. 8º, VI, CF, esta disposição legal permite que seja constituída Comissão de trabalhadores para representá-los nas tratativas com a entidade empresarial, inclusive na Justiça do Trabalho. A utilidade prática é grande, mas a lei precisa ser aplicada com cautela, a fim de não esvaziar as prerrogativas dos sindicatos nem possibilitar que a Comissão seja criada para defender interesses espúrios ou antagônicos à própria categoria.

Para o TST, o art. 617, CLT, que autoriza os próprios trabalhadores a constituírem comissão de negociação quando o sindicato se recusar a representá-los, ainda se encontra em vigor.

> • *Ver anotações ao artigo anterior, desta Lei n. 7.783/89.*

A criação dessas Comissões se justifica para facilitar o cumprimento dos legítimos propósitos **da categoria**, em ocasiões nas quais não haja atuação do sindicato seja insuficiente, funcionando como reforço ao trabalho de equipe; no fito de tornar mais eficaz a mobilização; na despersonalização ou amenização de certas animosidades; ou quando o sindicato venha se portando contrariamente aos interesses da categoria. Obviamente, tais Comissões não podem nascer nem permanecer por estímulo ou iniciativa das empresas nem do sindicato empresarial, pois isto significaria interferência na organização profissional, qualificando-se juridicamente como conduta antissindical (Convenção n. 98 da OIT).

Doutrina e jurisprudência questionam a validade do art. 617, CLT, que autoriza negociação coletiva diretamente entre os trabalhadores e a empresa, frente aos ditames da CF em vigor, cujo art. 8º-VI obriga a participação do sindicato (profissional). Em situações excepcionais, a jurisprudência predominante reconhece validade ao dispositivo da CLT (confira anotações ao artigo anterior).

Há uma peculiaridade processual, já que a comissão representará os trabalhadores inclusive perante a Justiça do Trabalho. Deveras, a comissão não tem personalidade jurídica, mas poderá defender os interesses dos trabalhadores. É apropriado dizer, então, que, por lei, tal comissão possui **capacidade processual**, mesmo sendo órgão *despersonalizado*. Este fenômeno processual acontece em algumas situações, como é o caso de respondência de autoridade coatora em sede de mandado de segurança.

• Legislação:

• 5.21. Convenção n. 98-OIT:

"Art. 2º. 1. As organizações de trabalhadores e de empregadores gozarão de adequada proteção contra atos de ingerência de umas nas outras, ou por agentes ou membros de umas nas outras, na sua constituição, funcionamento e administração.

2. Serão principalmente considerados atos de ingerência, nos termos deste Artigo, promover a constituição de organizações de trabalhadores dominadas por organizações de empregadores ou manter organizações de trabalhadores com recursos financeiros ou de outra espécie, com o objetivo de sujeitar essas organizações ao controle de empregadores ou de organizações de empregadores."

- **5.22. CLT:**

"Art. 617. Os empregados de uma ou mais empresas que decidirem celebrar Acordo Coletivo de Trabalho com as respectivas empresas darão ciência de sua resolução, por escrito, ao Sindicato representativo da categoria profissional, que terá o prazo de 8 (oito) dias para assumir a direção dos entendimentos entre os interessados, devendo igual procedimento ser observado pelas empresas interessadas com relação ao Sindicato da respectiva categoria econômica.

§ 1º Expirado o prazo de 8 (oito) dias sem que o Sindicato tenha se desincumbido do encargo recebido, poderão os interessados dar conhecimento do fato à Federarão a que estiver vinculado o Sindicato e, em falta dessa, à correspondente Confederação, para que, no mesmo prazo, assuma a direção dos entendimentos. Esgotado esse prazo, poderão os interessados prosseguir diretamente na negociação coletiva até final."

• Jurisprudência:

- **5.31.** AÇÃO ANULATÓRIA. ACORDO COLETIVO DE TRABALHO CELEBRADO SEM A PARTICIPAÇÃO DO SINDICATO PROFISSIONAL. NULIDADE DO INSTRUMENTO. O Regional julgou procedente a ação anulatória ajuizada pelo Ministério Público do Trabalho, declarando a nulidade, com efeito ex tunc, do Acordo Coletivo de Trabalho 2006/2007, celebrado pela Comissão Interna de Negociação dos Funcionários da Sadia S.A. e a referida Empresa, sem a participação do Sindicato profissional. Embora atentando que o art. 617 da CLT tenha sido recepcionado pelo art. 8º, VI, da Carta Magna, não se pode considerar que o malogro nas negociações coletivas, ou mesmo a comunicação pelo sindicato da ameaça de paralisação pelos trabalhadores das suas atividades, fossem motivos suficientes para dispensar a intermediação do ente sindical profissional no entabulamento de acordo entre empregados e empresa. E, mesmo se assim não fosse, não houve o cumprimento das exigências previstas no artigo consolidado, supracitado, necessárias a darem ao instrumento negociado a feição de sua legitimidade. Assim, mantém-se a decisão regional, embora por outros fundamentos, e nega-se provimento aos recursos ordinários interpostos (TST/SDC, ROAA 1645/2006-000-03-00.7, Minª. Dora Maria da Costa, j. 10.8.2009).

  • *No mesmo sentido: TST/SBDI-I, E-ED-RR-1134676-43.2003.5.04.0900, rel. Luiz Philippe Vieira de Mello Filho, red. p/ acórdão Min. João Oreste Dalazen, 19.5.2016.*

Art. 6º São assegurados aos grevistas, dentre outros direitos:

I – o emprego de meios pacíficos tendentes a persuadir ou aliciar os trabalhadores a aderirem à greve;

II – a arrecadação de fundos e a livre divulgação do movimento.

§ 1º Em nenhuma hipótese, os meios adotados por empregados e empregadores poderão violar ou constranger os direitos e garantias fundamentais de outrem.

§ 2º É vedado às empresas adotar meios para constranger o empregado ao comparecimento ao trabalho, bem como capazes de frustrar a divulgação do movimento.

§ 3º As manifestações e atos de persuasão utilizados pelos grevistas não poderão impedir o acesso ao trabalho nem causar ameaça ou dano à propriedade ou pessoa.

• Comentários:

6.11. Aspectos gerais e introdutórios. Reconhecendo que a greve se enquadra na categoria dos direitos sociais (art. 9º, CF) e que ela se relaciona com diversos outros direitos fundamentais, podendo levar a situações de conflitos ou choques, a Lei n. 7.783/89 procurou formas de promover a convivência entre os direitos, ora priorizando alguns (ex., atividades inadiáveis da população, art. 11), ora criando juízos de harmonização e ponderação.

Assim, quando a Constituição Federal assegura o direito de greve (art. 9º), não permite que ele seja exercido abusivamente. Aliás, nenhum direito, de nenhuma hierarquia, pode ser exercido de forma abusiva. O interesse público e outros direitos individuais ou coletivos igualmente merecem ser atendidos. Quando emanar, na situação concreta, conflito de interesses, caberá ao intérprete tentar harmonizá-los, para que ambos os direitos possam ser exercidos. Portanto, quando o movimento paredista apresente tendência a ultrapassar os limites do tolerável, como a iminente invasão da propriedade alheia e sua depredação, as autoridades públicas poderão estabelecer limites razoáveis de aproximação a certos locais, para que o bem seja preservado, mas sem deixar de assegurar o exercício da greve.

Nesta perspectiva, o direito de greve não pode ser exercido de forma absoluta. Mas, também, o poder empresarial encontra restrições. E a própria população precisa respeitar o movimento paredista. O equilíbrio destas três perspectivas é que viabiliza o exercício do direito de greve. Contudo, é um equilíbrio difícil, pois a realidade demonstra um intrincado conflito de interesses, inclusive entre os próprios trabalhadores e as próprias empresas, além de dividir a opinião pública.

6.12. Ponderação e harmonização de direitos fundamentais. As relações sociais envolvem uma série de direitos, que podem entrar em choque entre si. Os mais relevantes, imprescindíveis ao ser humano, são denominados pela Constituição de *Direitos Fundamentais*. Estão inclusos nesta categoria os individuais e coletivos (art. 5º), os sociais (arts. 6º a 11), os referentes à nacionalidade (arts. 12 e 13), os políticos (arts. 14 a 16) e os que dizem respeito aos Partidos Políticos (art. 17). Estes direitos se sobrepõem aos ordinários, no caso de algum choque entre eles. Mas, entre si, os direitos fundamentais são de mesma hierarquia constitucional. Contudo, nenhum direito pode ser exercido de forma abusiva, isto é, além de seus contornos. O abuso de qualquer direito, inclusive dos fundamentais, autoriza sua contenção e reparação aos sujeitos prejudicados.

Segundo o Código Civil em vigor (Lei n. 10.406/2002), *"comete ato ilícito o titular de um direito que, ao exercê-lo, excede manifestamente os limites impostos pelo seu fim econômico ou social, pela boa-fé ou pelos bons costumes"* (art. 187).

O núcleo característico do direito de greve é a *liberdade de cruzar os braços*, pura e simplesmente, o que integra a *liberdade de trabalhar*. No entanto, parar as atividades laborais em serviços de emergência médica obviamente seria comprometer a saúde (e a vida) da população. Tratam-se, pois, de direitos fundamentais a ser preservados: greve, saúde e vida. Como compatibilizar? Imagine-se outra situação: trabalhadores da construção civil que param as atividades porque se encontram há 02 meses sem receber salários, enquanto o empregador, empresa contratada pelo Estado, necessita concluir a obra no calendário fixado pelo contratante, sob pena de multa elevada. O que prevalecerá: o direito social ao salário ou o interesse econômico? Há casos em que o conflito entre empregados e empregador ultrapassam o âmbito de seus interesses e alcança o interesse público, como se dá no setor do transporte coletivo urbano ou do transporte aéreo de passageiros.

Certo é que a convivência em sociedade envolve um complexo difuso de vários direitos e deveres, que podem entrar em conflito e, no plano jurídico, é factível que ocorram antinomias. Portanto, compreende-se que o direito de greve possa, em situações concretas, colidir com outros interesses ou direitos de outros grupos, do Estado ou da sociedade. Ou seja, é possível existir conflito de interesses metaindividuais, mútuos, ou que envolva direitos individuais. Nestes instantes, é necessário que o intérprete encontre a melhor forma de compatibilizar todos os interesses e, caso não seja isto possível, sacrificar algum, parcial ou, em último caso, totalmente. Todavia, esta solução, saiba-se, só vale para a situação concreta, como orienta a Hermenêutica dos Direitos Fundamentais, de que os direitos sociais são espécies. Em outro momento, quando a circunstância seja diversa, pode ser que aquele critério hermenêutico aponte para solução inversa ou diferente.

6.13. Piquete. Trata-se de expediente tipicamente utilizado por movimentos trabalhistas e sindicais, consistente em manifestações na frente das fábricas, com bandeiras, apitos, carros de som e panfletagem, com o objetivo de sensibilizar os trabalhadores a aderirem ao movimento e de chamar a atenção do público para a causa.

O art. 6°-I, desta Lei n. 7.783/89, permite o uso da persuasão pelos grevistas, mas seu § 3° afirma que tais atos não podem impedir o acesso ao trabalho nem causar ameaça ou dano à propriedade ou pessoa. E o § 1° busca o equilíbrio entre direitos fundamentais, ao estabelecer que *"em nenhuma hipótese, os meios adotados por empregados e empregadores poderão violar ou constranger os direitos e garantias fundamentais de outrem"*.

Elucida o Verbete n. 651 da Recopilação do Comitê de Liberdade Sindical da OIT (2006) que: *"O só fato de participar de um piquete de greve e de incitar aberta, porém pacificamente, aos demais trabalhadores a não ocupar seus postos de trabalho não pode ser considerado como ação ilegítima. Porém é muito diferente quando o piquete de greve vem acompanhado de violências ou de obstáculos à liberdade de trabalho por intimação aos não grevistas, atos que em muitos países são castigados pela lei penal"*.

O inciso I do art. 6°, desta Lei de Greve, utiliza palavras firmes, como "persuadir" e "aliciar", a demonstrar os expedientes passíveis de emprego pelos grevistas. **Persuadir** é atividade de convencer alguém de algo ou a fazer ou deixar de fazer alguma coisa; é induzir, fazer acreditar, argumentar para o convencimento. **Aliciar** significa atrair alguém para a causa, angariar o apoio, trazer uma pessoa para si, obter adesão. As empresas não podem impedir os grevistas de realizar trabalhos de persuasão nem de aliciamento de trabalhadores. A criação de obstáculos a estas prerrogativas dos grevistas constitui violação da liberdade de organização coletiva e do direito fundamental de paralisação.

6.14. Fundo de greve. Poucos são os sindicatos que se preparam para a greve, de forma organizada, preventiva, racional, estratégica. O que se percebe, na prática, frequentemente, é que a maioria das greves são desorganizadas, restringindo-se à paralisação e, no mais, regem-se pelo princípio mundano de "solucionar os problemas conforme vão surgindo". No geral, respeitadas as exceções, o planejamento prévio é muito deficiente e pouco profissional. Caberia aos sindicatos, por exemplo, fazer análise prévia dos fatores de risco, do impacto dos prejuízos causados à empresa, de quantos dias os trabalhadores suportariam sem receber salário, das possibilidades de êxito real das reivindicações, da ambiência política (interna e externa), dos custos sindicais, da disponibilidade financeira da entidade etc. Por exemplo, nos setores em que as greves são reiteradas, algumas anuais, as empresas costumam embutir tais prejuízos da paralisação nos preços finais dos produtos e serviços. Como os preços também não podem extrapolar do razoável, porque o consumidor não suportaria, é feita uma projeção de duração média das greves. Então, na medição de forças entre as empresas e seus trabalhadores, o fôlego para resistir aos impactos financeiros será decisivo para a solução do conflito. O fundo de greve serve para minimizar, ainda, os efeitos do corte de ponto e suspensão do pagamento dos salários, na medida em que poderá ser utilizado para cobrir certas despesas de manutenção dos grevistas.

É neste contexto que surge a relevância dos fundos de greve, porquanto o movimento paredista, de fato, sai caro para sindicatos e trabalhadores. Às vezes, os custos abrangem a concessão de cestas básicas, despesas de deslocamento, ajuda financeira para necessidades básicas emergenciais, despesas extraordinárias não cobertas por outras rubricas ordinárias do sindicato, custos com divulgação do movimento, pagamento de advogados criminais etc. Esta última consideração requer uma nota específica: considerando a onda de **criminalização da atividade sindical e dos movimentos sociais pelo Estado**, que usa o aparelho repressor, muito eficiente nestas oportunidades, torna-se cada vez mais imperiosa a contratação de advogados criminalistas para acompanhar os indiciamentos de sindicalistas, as prisões, as denúncias, os abusos policiais, as ações penais etc.

Estas excepcionalidades justificam que os sindicatos criem formas próprias de contribuição pela categoria, na esteira da previsão contida no art. 513, e, CLT. Obviamente, entidades que não têm a greve como parte de sua atuação (e são a imensa maioria) não têm justificativa alguma para criar tais contribuições.

É comum, na criação de fundos de greve, a destinação específica de uma rubrica do orçamento do sindicato para este fim, obtida do custeio geral. Ou de doações (portanto, voluntárias) dos membros da categoria. Também, receitas excepcionais podem ter esta finalidade, como as decorrentes das sanções aplicadas por descumprimento de cláusulas coletivas, de bingos, rifas, sorteios etc.

6.15. Outros direitos dos grevistas. O *caput* do art. 6º, em análise, reza que *"são assegurados aos grevistas, dentre outros direitos"* os reportados nos incs. I e II. Ou seja, tais prerrogativas são apenas exemplificativas, eis que os grevistas são titulares de outros direitos e, portanto, podem se utilizar dos expedientes necessários ao seu exercício. Obviamente, a lei não poderia descer a minúcias, mas a liberdade de greve abrange, também, a utilização de carros de som, panfletagem, faixas, cartazes, abordagem a trabalhadores etc. Aliás, a abordagem a trabalhadores é essencial à organização coletiva e integra a faculdade de aliciar e persuadir, já vistos há pouco, neste mesmo artigo.

A limitação a tais liberdades é ponderada pela própria lei, que impõe a utilização de "meios pacíficos" e proíbe a violação a outros direitos fundamentais, tema sobre o qual esta obra se deterá mais adiante. Ainda: o § 3º deste mesmo art. 6º veda que os grevistas impeçam o acesso de colegas ao trabalho ou causem danos à propriedade da empresa.

6.16. Interditos proibitórios. O § 3º deste art. 6º, Lei n. 7.783/89, tem servido para que as empresas manejem os interditos proibitórios, ação que tem por finalidade preservar a incolumidade da posse dos bens (art. 567, CPC). Situações de invasão a propriedades ou de ameaça concreta a molestá-las justificam o acionamento do Judiciário pelo detentor da posse. Assim, as empresas que temem invasão ou ameaça pelos trabalhadores e/ou sindicato(s) podem ajuizar a ação de interdito no **primeiro grau de jurisdição**, conforme pacificou a jurisprudência.

A greve, em si, é processada nos Tribunais, enquanto o interdito corre perante as Varas. Esta distinção entre competências gera algumas discrepâncias na prática, pois sendo os Dissídios Coletivos (inclusive os de greve) de competência originária dos Tribunais, enquanto os interditos tramitam nas Varas, há margem para decisões desencontradas, com juízos de primeiro grau proferindo decisões que repercutirão no exercício do direito de greve e que afetarão a negociação coletiva, tendendo a desequilibrar a balança negocial ou a acirrar ainda mais o conflito.

Em nenhum momento o constituinte pôs o direito de propriedade acima dos demais direitos fundamentais (vida, segurança, dignidade, liberdade, salário mínimo, greve, liberdade sindical etc.), o que, entretanto, é realçado na prática apenas por interpretação extensiva econômica, muitas vezes responsável por uma proibição fática do exercício do direito de greve. Nos interditos proibitórios, faz-se exatamente a inversão dos valores jurídicos, contrapondo-se o direito de *propriedade (individual)* ao direito de *greve (coletivo)*, o qual é reduzido a manifestações distantes dos locais de trabalho e à calmaria típica dos cultos religiosos. Basta um movimento mais ousado dos trabalhadores e sobrevêm na conta dos sindicatos multas diárias exorbitantes, na casa dos R$ 50 mil, R$ 100 mil ou mais, por dia. Valores estes não aplicados em face das empresas que, porventura, firam a liberdade de paralisação coletiva pelos trabalhadores — conduta antissindical.

Para o TST, *"a desarrazoada proliferação dessas ações possessórias, contudo, vem inviabilizando, na prática, o exercício do direito de greve por inúmeras categorias, em especial, pelos bancários"* (RR 143500-72.2009.5.22.0002, Min. Hugo Carlos Scheuermann, j. 3.9.2014).

Na mesma linha, o TST condenou, em outro julgado, entidades bancárias (patronais) por abuso no manejo de interditos proibitórios, priorizando, assim, o direito de greve dos trabalhadores bancários (RR 253840-90.2006.5.03.0140; ver ementa na jurisprudência acostada a este dispositivo legal).

6.17. Emprego de meios pacíficos. O art. 6º da Lei de Greve assegura aos grevistas, dentre outros direitos: *"I – o emprego de meios pacíficos tendentes a persuadir ou aliciar os trabalhadores a aderirem à greve"*.

O emprego de atos de violência pode comprometer a legitimidade da greve, mesmo que os requisitos de deflagração tenham sido observados. Afinal, são momentos distintos: o da **deflagração** e o do **desenvolvimento** da greve.

- *Ver anotações sobre ilegalidade e abusividade da greve (Nota 2.15).*

São meios pacíficos a abordagem a trabalhadores, a panfletagem, as reuniões nas proximidades da empresa, emprego de faixas, cartazes etc.

6.18. Divulgação do movimento de greve. Segundo o art. 6º, II, da presente Lei de Greve, constitui direito dos grevistas *"a livre divulgação do movimento"*. Significa que o sindicato, a comissão de greve e os grevistas poderão ter livre acesso aos demais trabalhadores, no propósito de informá-los da paralisação, da pauta de reivindicação, do andamento das negociações, da resistência e conduta da empresa, da importância da solidariedade e da adesão etc.

Não pode a empresa, também, impedir que os grevistas façam chegar à sociedade as informações sobre a greve, como causas, reivindicações, estágio das negociações etc. Isto pode se dar por meio de comunicados, entrevistas na imprensa, informativos da entidade sindical etc.

O acesso aos trabalhadores não significa que os grevistas estejam autorizados a invadir as empresas. O direito à incolumidade da propriedade e o direito de comando do empregador continuam sendo oponíveis a práticas ilícitas. É possível, no entanto, fazer abordagem fora da empresa, em suas proximidades ou em outro local. Outro ponto a ressaltar é que a abordagem a qualquer trabalhador (grevista ou não) há de ser pacífica, sem coação, sem violência e sem constrangimento significativo. Diz-se desta maneira para escoimar argumentos de que a simples abordagem em público já acarrete constrangimento. *Constranger* alguém, durante uma abordagem, qualquer que seja ela, significa expô-lo a situação embaraçosa, inibir ou tolher sua vontade, envergonhá-lo em público, criar clima vexatório. Não se dando nestes termos, não se pode falar em constrangimento, sendo de se refutar os casos de pessoas melindrosas e inconsequentes, cujos comportamentos fogem da curva da normalidade e da razoabilidade.

6.19. Greve e direitos fundamentais. Reza o § 1º do mesmo art. 6º: *"Em nenhuma hipótese, os meios adotados por empregados e empregadores poderão violar ou constranger os direitos e garantias fundamentais de outrem"*.

A obrigação legal é para empregados e empregadores, de modo que os grevistas não podem violar os direitos e garantias dos empregadores nem estes podem violar os daqueles. E, ambos, não podem violar os direitos e garantias de qualquer outra pessoa, mesmo alheia ao conflito instaurado entre eles, nem o interesse público.

Constituem direitos fundamentais e, portanto, invioláveis mesmo perante o direito de greve, exemplificativamente: *(a)* liberdade de locomoção, inclusive de ingressar, permanecer e sair da empresa, o que serve para trabalhadores, clientes e empresários; *(b)* liberdade de trabalho, não podendo nenhum trabalhador ser impedido de trabalhar nem de aderir ao movimento paredista; *(c)* direito de propriedade (e de posse), a qual não pode ser molestada, invadida nem danificada, o que serve para a propriedade empresarial e, também, para os utensílios dos grevistas, como megafones, veículos, carros e instrumentos de som etc.; *(d)* liberdade de reunião, observadas as restrições impostas ordinariamente pelo Poder Público, como horário, tempo de duração, regras sobre poluição sonora e cuidados ambientais; *(e)* liberdade de opinião, de forma que nenhum trabalhador poderá ser punido pelas manifestações que expressar na greve, salvo se implicar em crimes contra a honra ou à imagem de outrem; *(f)* patrimônio da empresa ou de qualquer outra pessoa, o que, porém, fica ressalvado o desforço pessoal imediato para afastar obstáculos inseridos com o fito, direto ou indireto, de impedir ou dificultar a locomoção de cidadãos, de veículos ou dos grevistas.

6.120. Interpretação de direitos fundamentais. Os mecanismos de interpretação de direitos fundamentais são fornecidos, prioritariamente, pela Hermenêutica Constitucional. Assim, critérios e primados como o da máxima eficácia, da harmonização, da razoabilidade, da proporcionalidade, da extensão, da unidade da Constituição etc., devem ser invocados na sua aplicação. Esta observação é importante para afastar critérios inapropriados aos direitos fundamentais, embora largamente utilizados em outros campos de aplicação do Direito, ora por serem incompatíveis com a natureza especial dos direitos humanos, ora por se mostrarem insuficientes para extrair o justo sentido da norma fundamental. Daí, afastam--se critérios como o restritivo; repensa-se o critério da literalidade; aperfeiçoa-se o histórico e o sociológico; e se enfatiza o teleológico. E enquanto se encurtam o alcance, os sujeitos e as circunstâncias das normas restritivas ou limitativas de direitos fundamentais, ampliam--se o alcance, as circunstâncias e os destinatários das normas que asseguram ditos direitos (interpretação ampliativa ou extensiva).

A hermenêutica natural dos *direitos fundamentais* é aplicável ao direito de greve, considerando que se trata de direito desta natureza, insculpido no Título II da Constituição Federal. Este estudo centrará sua apreciação nos primados da harmonização (ou concordância prática), da razoabilidade e da razoabilidade. O critério ou princípio do balanceamento será invocado complementarmente.

O ***princípio da harmonização*** incide nos casos de tensão prática, quando um direito conflitar com outro. Para ele, há que se interpretar a Constituição de tal maneira que não se produza o sacrifício de uma norma ou valor constitucional em face de outra norma ou valor. Antes de se discutir que bem ou valor há de ser sacrificado, é preciso, primeiramente, tentar harmonizá-los, de modo a não sacrificar nenhum ou sacrificá-lo apenas em parte, o mínimo possível. Que só se sacrifique o essencialmente indispensável. A regra é a da co--existência de direitos. O legislador ordinário tratou de harmonizar o conflito surgido entre o direito de greve e o direito de trabalhar dos não grevistas, no § 3º do art. 6º, permitindo a convivência de ambos.

Segundo o TRT-19ª Região, "a fim de se harmonizar a proibição constante do art. 13 da Lei n. 10.192/00, com a previsão do art. 12, § 1º do mesmo diploma normativo, pacificou-se o entendimento de que é possível o deferimento de percentual próximo ao índice oficial de variação de preços — porém, não a ele atrelado — a fim de se recompor minimamente as perdas, de acordo com o desempenho do setor econômico" (DC 00095.2009.000.19.00-4, publ. 14.12.2009).

O princípio da **proporcionalidade** é critério normativo de interpretação e, como tal, compõe os direitos e garantias fundamentais. Atualmente, o princípio se expande também ao setor privado (ex.: nas punições em geral, no poder disciplinar do empregador). Pedra angular dele é que serve para aquilatar a dimensão da medida ou norma para atingir os fins propostos, na contenção dos excessos (afinal, não se deve usar um canhão para acertar um inseto). São suas manifestações:

• *adequação prática dos meios aos fins (= princípio da conformidade)*. A medida a ser realizada deve ser apropriada para alcançar os fins desejados. Medidas impertinentes ou inúteis não são admissíveis pelo Direito.

• *limitação de excessos (de medidas, de normas, de atitudes)*. A providência a ser adotada em cada situação deve ser a estritamente necessária, na medida suficiente para rebater a violação ao direito. Exemplo: é inadmissível anular-se todo um concurso público por vício pequeno; aplicação de punição extrema, com ruptura contratual, quando a falta do empregado justificava mera advertência (TST, RR 16900-41.5.17.0008, publ. 13.09.2002); *se o empregador age com rigor excessivo, inobservando a gradação da pena e a proporcionalidade entre o ato do trabalhador e a punição, dá azo à desqualificação da resolução contratual*" (TRT-1ª Reg., RO 0010871-33.2013.5.01.0050, publ. 25.6.2015).

• *verificação da necessidade ou imprescindibilidade dos meios (proporcionalidade em sentido estrito):* a medida reativa ou preventiva tem de ser indispensável. Se havia possibilidade de não executá-la, então seu uso terá sido ofensivo ao primado da proporcionalidade. Exemplifica-se com a Súmula Vinculante 11-STF: *"Só é lícito o uso de algemas em casos de resistência e de fundado receio de fuga ou de perigo à integridade física própria ou alheia, por parte do preso ou de terceiros, justificada a excepcionalidade por escrito, sob pena de responsabilidade disciplinar, civil e penal do agente ou da autoridade e de nulidade da prisão ou do ato processual a que se refere, sem prejuízo da responsabilidade civil do Estado".* O emprego de força policial para a contenção de manifestações sindicais ou de reivindicação de trabalhadores será desproporcional se havia outra forma de manter a ordem, como a imposição de multas e astreintes.

O **princípio da proporcionalidade** serve para solucionar conflitos entre princípios-meios, o que lhe confere um lugar destacado entre os princípios de um modo geral, para a consecução de um fim perseguido pelos sujeitos.

6.121. Constrangimentos pelas empresas. Dispõe o § 2º do art. 6º da presente Lei que *"é vedado às empresas adotar meios para constranger o empregado ao comparecimento ao trabalho, bem como capazes de frustrar a divulgação do movimento."*

Constituem atos de conduta antissindical os cometidos pelas empresas que visam obrigar o trabalhador a "furar" a greve e retornar a seu posto de trabalho. Da mesma forma, as empresas não podem impedir que os grevistas tenham contato com os trabalhadores, fato essencial à divulgação da greve, que envolve, também, distribuição de panfletos, informativos sindicais etc.

6.122. Acesso ao local de trabalho ou direito de trabalhar e proteção à propriedade. Determina a Lei de Greve, no mesmo art. 6º: *"§ 3º As manifestações e atos de persuasão utilizados pelos grevistas não poderão impedir o acesso ao trabalho nem causar ameaça ou dano à propriedade ou pessoa."* A persuasão, conquanto permitida aos grevistas, não pode se transformar em ato de força que impeça o trabalhador de ingressar na empresa ou de desempenhar suas atividades laborais. Tal conduta poderá violar a legitimidade da greve, transformando-a em abusiva.

De sua vez, é proibido o dano ao patrimônio da empresa, como a quebra de cercas, portas, vidraças, bens e utensílios, ataques a veículos, inutilização de pneus etc. Também é vedada a invasão da propriedade empresarial ou a ameaça da prática deste ilícito. Igualmente, é proibido qualquer ato de violência contra pessoa, como diretores, prepostos, outros trabalhadores ou clientes da empresa.

A consequência básica destes atos será a abusividade da greve, quando generalizados ou puxados pelo comando de greve ou pela entidade sindical, e a indenização pelos danos causados ao patrimônio da empresa. Tudo isso sem prejuízo do crime tipificado no art. 163 do Código Penal: *"destruir, inutilizar ou deteriorar coisa alheia"*.

A ação de indenização pelos danos que os trabalhadores porventura causem ao patrimônio empresarial será processada no primeiro grau de jurisdição do mesmo ramo do Judiciário competente para julgar a greve (Justiça do Trabalho, Justiça Federal ou Justiça comum estadual), responsabilizando-se o sindicato da categoria profissional. A conduta pessoal do trabalhador será objeto de repreensão apropriada, como dispensa por justa causa, ação penal etc. Quando a ação é promovida por alguém da população, que se viu prejudicado pela greve, deve ser ajuizada contra a empresa, seu sindicato ou o sindicato profissional, na Justiça comum (estadual ou federal), conforme as regras ordinárias de competência, desde que a causa de pedir seja o ressarcimento pelo dano civil, que não tenha por causa de pedir a greve em si nem sua legalidade.

6.123. Condutas antissindicais nas greves. A legislação brasileira não é pródiga em tratar de condutas antissindicais, pecando até mesmo pela ausência de conceitos. É possível recorrer-se ao incompleto e deficiente art. 543, CLT, que dispõe:

> "§ 6º A empresa que, por qualquer modo, procurar impedi que o empregado se associe a sindicato, organize associação profissional ou sindical **ou exerça os direitos inerentes à condição de sindicalizado** fica sujeita à penalidade prevista na letra a do art. 553, sem prejuízo da reparação a que tiver direito o empregado."

Também, há uma sutil novidade veiculada pela Lei n. 13.467/2017, que atribui à comissão de representantes dos trabalhadores na empresa (art. 510-B, CLT): *"V – assegurar tratamento justo e imparcial aos empregados, impedindo qualquer forma de discriminação por motivo de sexo, idade, religião, opinião política ou atuação sindical"*.

Tudo, porém, muito superficial.

6.124. Congresso Internacional de Direito Sindical e CONALIS. Construção de conceitos sobre conduta antissindical: Considerando esta lacuna, o V Congresso Internacional de Direito Sindical de Fortaleza (4 a 6.5.2016) aprovou os seguintes enunciados, a propósito do tema:

1º Condutas antissindicais. Constituem condutas antissindicais quaisquer práticas que violem as liberdades sindicais estabelecidas pela Constituição Federal (arts. 8º, 9º e 37, incs. VI e VII), as consagradas nas Convenções Internacionais ratificadas pelo Brasil, as orientações do Comitê de Liberdade Sindical da OIT e as que impliquem cerceamento ou retaliação, direta ou indiretamente, à atividade sindical legítima.

2º Consequências da conduta antissindical. Constatada a conduta antissindical, são nulos os atos dela decorrentes, observados os arts. 166 e seguintes do Código Civil, acarretando a invalidade do ato, sua reparação e a responsabilização de quem lhe deu causa, bem como seu adequado refazimento quando possível e necessário, sem prejuízo de tutelas inibitórias.

3º Reparação pelos danos decorrentes das condutas antissindicais. As condutas antissindicais podem gerar danos passíveis de reparação individual e coletiva. No caso de danos coletivos, a indenização deverá ser destinada a reparar o sindicalismo, mediante destinação a entidades e projetos que promovam a liberdade sindical, combatam as condutas antissindicais, proporcionem qualificação de sindicalistas, realizem debates, encontros ou eventos sobre a organização sindical e/ou se destinem a propósitos similares.

Estes enunciados foram aprovados como **diretrizes da CONALIS**-Coordenadoria Nacional de Promoção da Liberdade Sindical, do Ministério Público do Trabalho, em 7 e 8.6.2016, com a redação que segue abaixo:

> **"Diretriz n. 1:** Constituem condutas antissindicais quaisquer práticas que violem as liberdades sindicais estabelecidas pela Constituição Federal (arts. 8º, 9º e 37, incs. VI e VII), as consagradas nas Convenções Internacionais ratificadas pelo Brasil, as orientações do Comitê de Liberdade Sindical da OIT e as que impliquem cerceamento ou retaliação, direta ou indiretamente, à atividade sindical legítima.

> **Diretriz n. 2:** Constatada a conduta antissindical, são nulos os atos dela decorrentes, observados os arts. 166 e seguintes do Código Civil, acarretando a invalidade do ato, sua reparação e a responsabilização de quem lhe deu causa, bem como seu adequado refazimento quando possível e necessário, sem prejuízo de tutelas inibitórias.

> **Diretriz n. 3:** As condutas antissindicais podem gerar danos passíveis de reparação individual e coletiva. No caso de danos coletivos, a indenização poderá ser destinada a reparar o sindicalismo, mediante destinação a entidades e projetos que promovam a liberdade sindical, combatam as condutas antissindicais, proporcionem qualificação de sindicalistas, realizem debates, encontros ou eventos sobre a organização sindical e/ou se destinem a propósitos similares.

> **Diretriz n. 4:** A CONALIS entende ser princípios do sindicalismo brasileiro a democracia, a liberdade, a legitimidade das entidades e de suas diretorias, a representatividade, a transparência, a igualdade, a livre filiação e desfiliação, a negociação coletiva, a eticidade, a defesa da categoria e outros que se reputem essenciais ao exercício e aperfeiçoamento das liberdades, dos direitos e dos deveres sindicais.

> **Diretriz n. 5:** A criminalização do movimento sindical, mediante tratamento meramente policial, com prisões ou ameaças de processos ou inquéritos penais pelo exercício da atividade sindical, visando a atemorizar, impedir ou desestimular o uso das faculdades, direitos e garantias inerentes ao sindicalismo, é prática incompatível com o regime de liberdades consagrado pela Constituição brasileira e pelas normas da Organização Internacional do Trabalho."

6.125. Erro judiciário e responsabilização do Estado. Um ponto que merece estudo é o caso de erro judiciário cometido em ações e tutelas judiciais nos movimentos de greve (dissídios coletivos, interditos proibitórios, liminares em ações cautelares etc.), sobretudo quando há prejuízo irreparável à categoria e à organização sindical, com séria violação da liberdade sindical. A responsabilidade do Estado por erro judiciário encontra previsão no art. 5º, LXXV, CF, e no art. 37, § 6º, CF.

É de se imaginar a seguinte situação, para reflexão:

Os trabalhadores de determinada empresa laboram em condições de exposição ambiental (risco à segurança e/ou à saúde), sendo a atividade periculosa e de risco, conforme as normas regulamentadoras do Ministério do Trabalho. Suponha-se que alguns tenham sido contratados na total informalidade, sem assinatura de Carteira de Trabalho, e todos trabalhem sem nenhum equipamento de proteção individual, sem botas, sem luvas, sem capacete, enfim sem segurança alguma. Ou que os EPIs apresentem prazos de validade vencidos ou sejam insuficientes para neutralizar o agente causador de risco ambiental. Talvez tenham sido feitas denúncias ao MPT e pedido de fiscalização ao Ministério do Trabalho, sem sucesso efetivo, por inacolhimento ou demora na apuração por estes órgãos. Não dando mais para esperar providência pelo Estado e ante os riscos a que se encontram submetidos, os trabalhadores realizem assembleia e, sob a coordenação do sindicato da categoria, deflagrem greve por tempo indeterminado, já que a empresa não se dispõe a negociar (aliás, a cumprir a legislação).

Certamente, como é frequente nas greves, a empresa promoverá ações na Justiça do Trabalho (interditos proibitórios, dissídio de abusividade de greve, ações cautelares...). Seu objetivo é forçar os trabalhadores a retornar às suas atividades, sem discutir a causa da paralisação. Provavelmente, levantará questões de ordem pública, como os requisitos para deflagração da greve e a repercussão social da paralisação. Provavelmente, requererá ao Tribunal que determine aos trabalhadores a manutenção de um percentual mínimo em funcionamento.

Tenha-se que, no Tribunal (DC), o magistrado conceda liminar *inaudita altera parte*, determinando o retorno de 30% dos trabalhadores aos seus postos de serviço e estabelecendo multa diária de R$ 100 (cem) mil pelo sindicato, no caso de descumprimento, sem considerar os riscos ambientais.

Mas o que acontecerá se os trabalhadores, receosos de retornarem ao trabalho, ousarem descumprir a decisão do Judiciário? Ou se os que retornarem aos seus postos de trabalho sofrerem algum acidente ou padecerem de algum mal do trabalho? Ainda assim, será cabível a cominação (multa)? O Estado não terá responsabilidade alguma pelo dano que propiciou à saúde e à vida dos trabalhadores?

Ante o fato narrado, facilmente se constata o risco a que os trabalhadores estavam submetidos e que a matéria, sem dúvida, constitui uma das metas da própria Justiça do Trabalho: a erradicação de riscos e a prevenção de acidentes do trabalho.

Quando o Judiciário determina aos trabalhadores o retorno às atividades em condições periculosas, sujeitando-os a riscos de acidentes de trabalho, chama para si a responsabilidade pelos infortúnios decorrentes da decisão judicial, por constituir erro crasso, grosseiro. Isto serve para demonstrar que a causa da greve precisa ser muito bem investigada e apurada, a reclamar maior cuidado na concessão de liminares e tutelas antecipadas, sobretudo *inaudita altera parte*.

Se a decisão danosa partir de órgão ou autoridade da Justiça do Trabalho ou da Justiça Federal, bem ainda do STJ ou do STF, quem responderá será a União Federal; se emanar de órgão ou autoridade da Justiça Estadual, quem responderá será o Estado respectivo.

Ao tratar da responsabilidade pessoal do magistrado, o art. 143 do atual CPC/2015 reduziu o alcance da norma, quando comparado com a redação do anterior art. 133, CPC/73. A redação atual é réplica do art. 49, LC n. 35/79 (LOMAN). De todo modo, ante a previsão do art. 143-II e de seu parágrafo único, CPC/2015, cabe ao sindicato profissional requerer ao juízo, no qual corra a ação judicial, que adote providências de adequação das condições ambientais, até como condição para o retorno ao trabalho. Assim ficará configurada a omissão judicial, caso desatendido ou retardado, fato importante para a futura responsabilização pessoal do magistrado ou dos magistrados que integram o órgão julgador de onde emanou a decisão.

A ação movida contra o Estado abre margem a que, depois, seja ajuizada a ação regressiva contra o(s) magistrado(s) que tenha(m) agido com dolo ou culpa grave.

6.126. Indenizações nas tutelas. Esta modalidade de ação de indenização pelo dano coletivo cometido pelo Judiciário, a ser manejada futuramente e de forma autônoma, não impede a responsabilização imediata de qualquer das partes que, no dissídio coletivo ou na ação de interdito proibitório, tenha causado **dano processual**, *ex vi* do art. 793-A e segs., CLT (redação dada pela Lei n. 13.467/2017).

Também, nos casos de tutelas antecipadas ou liminares urgentes, mesmo nas hipóteses de dolo e de erro grave do magistrado — afinal, o juiz pode ter sido induzido a erro —, é possível responsabilizar a própria parte. É o que dispõe o art. 302, CPC, ao reportar que, *"independentemente da reparação por dano processual, a parte responde pelo prejuízo que a efetivação da tutela de urgência causar à parte adversa, se: I – a sentença lhe for desfavorável; ou III – ocorrer a cessação da eficácia da medida em qualquer hipótese legal"*.

Sempre que possível, a indenização pelos danos será apurada nos autos em que a medida tiver sido concedida (parágrafo único do art. 302, CPC).

O cumprimento provisório de sentença que, depois, é reformada, também enseja a reparação à parte vencedora, por aplicação do art. 520-I, CPC.

Não se tem visto, frequentemente, pedido por entidades sindicais, nas ações de dissídios coletivos, a exigência de **caução** nas tutelas solicitadas pelas empresas, o que se afigura tecnicamente injustificável em tempos de civilização da CLT (fenômeno agravado pela Lei n. 13.467/2017) e maior aplicação do Processo Civil ao Processo do Trabalho. Outrora, o Processo do Trabalho rejeitava a caução nos pedidos cautelares em geral e nas tutelas antecipadas, em razão da sua simplicidade e do primado potencializado do amplo acesso à Justiça do Trabalho, inteligência que cai por terra com a Lei n. 13.467/2017 (Lei da Reforma Trabalhista), especialmente quando as partes envolvidas em dissídios coletivos possuem plenas condições de segurar o juízo com caução.

Nos pedidos de abusividade de greve ou que importem em tutelas de urgência para determinar o imediato retorno dos trabalhadores ao serviço, é invocável o art. 300, § 1º, CPC, do seguinte teor: "§ 1º *Para a concessão da tutela de urgência, o juiz pode, conforme o caso, exigir **caução real ou fidejussória idônea** para ressarcir os danos que a outra parte possa vir a sofrer, podendo a caução ser dispensada se a parte economicamente hipossuficiente não puder oferecê-la.*" Vale à pena, nos dias atuais, revolver a questão.

• Legislação:

• 6.21. CF/88:

"Art. 5º Todos são iguais perante a lei, sem distinção de qualquer natureza, garantindo-se aos brasileiros e aos estrangeiros residentes no País a inviolabilidade do direito à vida, à liberdade, à igualdade, à segurança e à propriedade, nos termos seguintes:

LXXV – o Estado indenizará o condenado por erro judiciário, assim como o que ficar preso além do tempo fixado na sentença".

"Art. 37. (...):

§ 6º As pessoas jurídicas de direito público e as de direito privado prestadoras de serviços públicos responderão pelos danos que seus agentes, nessa qualidade, causarem a terceiros, assegurado o direito de regresso contra o responsável nos casos de dolo ou culpa."

"Art. 520. O cumprimento provisório da sentença impugnada por recurso desprovido de efeito suspensivo será realizado da mesma forma que o cumprimento definitivo, sujeitando-se ao seguinte regime:

I – corre por iniciativa e responsabilidade do exequente, que se obriga, se a sentença for reformada, a reparar os danos que o executado haja sofrido;

II – fica sem efeito, sobrevindo decisão que modifique ou anule a sentença objeto da execução, restituindo-se as partes ao estado anterior e liquidando-se eventuais prejuízos nos mesmos autos;

III – se a sentença objeto de cumprimento provisório for modificada ou anulada apenas em parte, somente nesta ficará sem efeito a execução;

IV – o levantamento de depósito em dinheiro e a prática de atos que importem transferência de posse ou alienação de propriedade ou de outro direito real, ou dos quais possa resultar grave dano ao executado, dependem de caução suficiente e idônea, arbitrada de plano pelo juiz e prestada nos próprios autos."

• 6.22. CLT (red. Lei n. 13.467/2017):

"Art. 793-A. Responde por perdas e danos aquele que litigar de má-fé como reclamante, reclamado ou interveniente.

Art. 793-B. Considera-se litigante de má-fé aquele que:

I – deduzir pretensão ou defesa contra texto expresso de lei ou fato incontroverso;

II – alterar a verdade dos fatos;

III – usar do processo para conseguir objetivo ilegal;

IV – opuser resistência injustificada ao andamento do processo;

V – proceder de modo temerário em qualquer incidente ou ato do processo;

VI – provocar incidente manifestamente infundado;

VII – interpuser recurso com intuito manifestamente protelatório.'

Art. 793-C. De ofício ou a requerimento, o juízo condenará o litigante de má-fé a pagar multa, que deverá ser superior a 1% (um por cento) e inferior a 10% (dez por cento) do valor corrigido da causa, a indenizar a parte contrária pelos prejuízos que esta sofreu e a arcar com os honorários advocatícios e com todas as despesas que efetuou.

§ 1º Quando forem dois ou mais os litigantes de má-fé, o juízo condenará cada um na proporção de seu respectivo interesse na causa ou solidariamente aqueles que se coligaram para lesar a parte contrária.

§ 2º Quando o valor da causa for irrisório ou inestimável, a multa poderá ser fixada em até duas vezes o limite máximo dos benefícios do Regime Geral de Previdência Social.

§ 3º O valor da indenização será fixado pelo juízo ou, caso não seja possível mensurá-lo, liquidado por arbitramento ou pelo procedimento comum, nos próprios *autos*."

• 6.23. CPC:

"Art. 567. O possuidor direto ou indireto que tenha justo receio de ser molestado na posse poderá requerer ao juiz que o segure da turbação ou esbulho iminente, mediante mandado proibitório em que se comine ao réu determinada pena pecuniária caso transgrida o preceito."

• 6.24. CPC:

"Art. 143. O juiz responderá, civil e regressivamente, por perdas e danos quando:

I – no exercício de suas funções, proceder com dolo ou fraude;

II – recusar, omitir ou retardar, sem justo motivo, providência que deva ordenar de ofício ou a requerimento da parte.

Parágrafo único. As hipóteses previstas no inciso II somente serão verificadas depois que a parte requerer ao juiz que determine a providência e o requerimento não for apreciado no prazo de 10 (dez) dias."

CPC:

"Art. 302. Independentemente da reparação por dano processual, a parte responde pelo prejuízo que a efetivação da tutela de urgência causar à parte adversa, se:

I – a sentença lhe for desfavorável;

II – obtida liminarmente a tutela em caráter antecedente, não fornecer os meios necessários para a citação do requerido no prazo de 5 (cinco) dias;

III – ocorrer a cessação da eficácia da medida em qualquer hipótese legal;

IV – o juiz acolher a alegação de decadência ou prescrição da pretensão do autor.

Parágrafo único. A indenização será liquidada nos autos em que a medida tiver sido concedida, sempre que possível."

• 6.25. Código Penal:

"**Dano:** *Art. 163. Destruir, inutilizar ou deteriorar coisa alheia: Pena, detenção, de um a seis meses, ou multa.*

Dano qualificado: Parágrafo único. Se o crime é cometido: I – com violência à pessoa ou grave ameaça; II – com emprego de substância inflamável ou explosiva, se o fato não constitui crime mais grave; III – contra o patrimônio da União, Estado, Município, empresa concessionária de serviços públicos ou sociedade de economia mista; IV – por motivo egoístico ou com prejuízo considerável para a vítima: Pena, detenção, de seis meses a três anos, e multa, além da pena correspondente à violência."

• 6.26. Lei n. 9.029/95:

"Art. 1º É proibida a adoção de qualquer prática discriminatória e limitativa para efeito de acesso à relação de trabalho, ou de sua manutenção, por motivo de sexo, origem, raça, cor, estado civil, situação familiar, deficiência, reabilitação profissional, idade, entre outros, ressalvadas, nesse caso, as hipóteses de proteção à criança e ao adolescente previstas no inciso XXXIII do art. 7º da Constituição Federal."

• Jurisprudência:

• 6.31. STF, Súmula Vinculante 23: "A Justiça do Trabalho é competente para processar e julgar ação possessória ajuizada em decorrência do exercício do direito de greve pelos trabalhadores da iniciativa privada."

• 6.32. RECURSO DE REVISTA. AJUIZAMENTO SIMULTÂNEO DE INTERDITOS PROIBITÓRIOS. GREVE. CONDUTA ANTISSINDICAL. ABUSO DE DIREITO. INDENIZAÇÃO. DANO MORAL COLETIVO. Os interditos possessórios são ações hábeis a provocar o Estado no intuito de se promover a defesa da posse que tenha sido tomada, perturbada ou, ao menos, ameaçada. No caso dos autos, os réus impetraram vinte e um interditos proibitórios, tendo como suposto receio a iminência de moléstia à posse provocada pelos movimentos grevistas deflagrados pelos trabalhadores dos réus. A ordem constitucional brasileira, em sua evolução histórica, caminhou, de forma não linear, em torno de três acepções acerca do conceito de greve: "fato socialmente danoso (delito), socialmente indiferente (liberdade) ou fato socialmente útil (direito)". Na Constituição Federal de 1988 ocorre, pela primeira vez, a elevação do direito de greve como direito fundamental, consagrando-o, desta via, como elemento definidor e legitimador de toda a ordem jurídica positiva. A garantia ao direito de greve deve ser interpretada no contexto de afirmação ao princípio da liberdade sindical e seu sistema e mecanismos de proteção, sendo que o sistema de proteção da tutela da liberdade sindical contra atos antissindicais transborda a ordem nacional e encontra abrigo no sistema internacional de direitos humanos trabalhistas. A impetração de interditos proibitórios, independentemente do sucesso ou insucesso das ações, representa, em si, a tentativa de inviabilizar a livre participação dos trabalhadores em atos reivindicatórios ou de manifestação política e ideológica, o que implica em ofensa ao princípio da liberdade sindical e faz incidir o sistema de proteção contra atos antissindicais, notadamente, o art. 1º da Convenção n. 98 da Organização Internacional do Trabalho. Portanto, utilizar de ações judicias, na forma realizada pelos réus, em que se partiu da presunção de abusos a serem cometidos pelos grevistas, requisito particular do instituto do interdito proibitório, atenta contra os princípios concernentes ao direito de greve e configura ato antissindical, consubstanciando abuso do direito de ação, sendo devida a reparação do dano moral suportado pelos trabalhadores da categoria representada pelo Sindicato autor. Recurso de revista conhecido e provido (TST/7ª T, RR 253840-90.2006.5.03.0140, Min. Vieira de Mello Filho, j. 27.5.2014).

• De igual teor: *TST/1ª T, RR-143500-72.2009.5.22.0002, Min. Hugo Carlos Scheuermann, j. 3.9.2014.*

• 6.33. RECURSO DE REVISTA DA RECLAMADA. CONDUTA ANTISSINDICAL. DEMISSÃO POR JUSTA CAUSA DE PARTICIPANTE DE GREVE. CONVENÇÃO N. 98 DA OIT. INTEGRAÇÃO DAS DISPOSIÇÕES DA ORDEM JURÍDICA INTERNACIONAL AO ORDENAMENTO JURÍDICO INTERNO. INDENIZAÇÃO POR PRÁTICA DISCRIMINATÓRIA. A questão objeto do recurso refere-se diretamente ao disposto na Convenção n. 98 da OIT, que trata do direito de sindicalização e de negociação coletiva. Nesse aspecto, embora ainda não seja habitual a utilização de normas de direito internacional como causa de pedir de pretensões trabalhistas, ou como fundamento de sentenças e acórdãos proferidos, a aplicabilidade dessas normas para solução das controvérsias judiciais está consagrada, não havendo dúvidas quanto à vigência e eficácia dos diplomas internacionais ratificados pelo Congresso Nacional. As decisões do Supremo Tribunal Federal, referentes à integração ao ordenamento jurídico nacional das normas estabelecidas no Pacto de San José da Costa Rica, consolidaram o reconhecimento da relação de interdependência existente entre a ordem jurídica nacional e a ordem jurídica internacional, implicando na incorporação à legislação interna dos diplomas internacionais ratificados. Os precedentes alusivos ao Pacto de San José da Costa Rica marcam o reconhecimento dos direitos fundamentais estabelecidos em tratados internacionais como normas de status supralegal, isto é, abaixo da Constituição, porém acima da legislação interna. A afirmação do direito fundamental à liberdade sindical, para sua plenitude e efetividade, importa na existência e utilização de medidas de proteção contra atos antissindicais. De acordo com a Convenção n. 98 da Organização Internacional do Trabalho, ratificada pelo Brasil por meio do Decreto Legislativo n. 49/52, todos os trabalhadores devem ser protegidos de atos discriminatórios que atentem contra a liberdade sindical, não só referentes à associação ou direção de entidades sindicais, mas também quanto à participação de atos reivindicatórios ou de manifestação política e ideológica, conforme se destaca da redação do art. 1º da aludida convenção. Nessa medida, a decisão do 12º Tribunal Regional do Trabalho , em que aplicou, analogicamente, a Lei n. 9.029/95 para punir e coibir o ato antissindical da reclamada, que demitira por justa causa dezoito trabalhadores que participaram de greve, revela a plena observação do princípio da liberdade sindical e da não discriminação, e consagra a eficácia plena do art. 1º da Convenção n. 98 da OIT no ordenamento jurídico, no sentido de promover a proteção adequada contra quaisquer atos atentatórios à liberdade sindical. Recurso de revista não conhecido (...) (TST/1ª T., RR 77200-27.2007.5.12.0019, Luiz Philippe Vieira de Mello Filho, DEJT 24.2.2012).

O acórdão do TST transcreve trechos do acórdão recorrido (TRT-12ª Reg.), *verbis:*

"Nesse contexto, entendo que um Estado Democrático de Direito, pautado em valores constitucionais de liberdade e que estabelece ser o trabalho um direito fundamental, garantindo o exercício do direito de greve, deve coibir a prática de atos atentatórios ao movimento paredista e discriminatórios em relação aos seus participantes.

Dessarte, pela interpretação sistemática dos dispositivos constitucionais anteriormente citados, bem como em interpretação conforme do art. 1º da Lei n. 9.029/95, entendo que o rol nele previsto não pode ser considerado taxativo, devendo abranger também a discriminação decorrente do exercício do direito de greve.

É lamentável que uma empresa pretenda coibir o direito de greve, ameaçando e punindo seus empregados, ao invés de se colocar à disposição de negociação coletiva e buscar uma solução justa e pacífica para o conflito.

O comportamento da reclamada não pode, de maneira alguma, ser tolerado, porquanto viola frontalmente o princípio da liberdade sindical e do livre exercício de greve.

Os trabalhadores, parte sabidamente hipossuficiente das relações de emprego, precisam dispor de meios que lhes possibilitem exercer pressões para alcançar suas legítimas reivindicações.

Diante de todo o exposto, entendo aplicável ao caso em análise o art. 4º da Lei n. 9.029/95, que assim dispõe:

Art. 4º O rompimento da relação de trabalho por ato discriminatório, nos moldes desta Lei, faculta ao empregado optar entre:

I – a readmissão com ressarcimento integral de todo o período de afastamento, mediante pagamento das remunerações devidas, corrigida monetariamente, acrescidas dos juros legais;

II – a percepção, em dobro, da remuneração do período de afastamento, corrigida monetariamente e acrescida dos juros legais".

• **6.34.** RECURSO DE REVISTA. AJUIZAMENTO SIMULTÂNEO DE INTERDITOS PROIBITÓRIOS. GREVE. CONDUTA ANTISSINDICAL. ABUSO DE DIREITO. INDENIZAÇÃO. DANO MORAL COLETIVO. Os interditos possessórios são ações hábeis a provocar o Estado no intuito de se promover a defesa da posse que tenha sido tomada, perturbada ou, ao menos, ameaçada. No caso dos autos, os réus impetraram vinte e um interditos proibitórios, tendo como suposto receio a iminência de moléstia à posse provocada pelos movimentos grevistas deflagrados pelos trabalhadores dos réus. A ordem constitucional brasileira, em sua evolução histórica, caminhou, de forma não linear, em torno de três acepções acerca do conceito de greve: "fato socialmente danoso (delito), socialmente indiferente (liberdade) ou fato socialmente útil (direito)". Na Constituição Federal de 1988 ocorre, pela primeira vez, a elevação do direito de greve como direito fundamental, consagrando-o, desta via, como elemento definidor e legitimador de toda a ordem jurídica positiva. A garantia ao direito de greve deve ser interpretada no contexto de afirmação ao princípio da liberdade sindical e seu sistema e mecanismos de proteção, sendo que o sistema de proteção da tutela da liberdade sindical contra atos antissindicais transborda a ordem nacional e encontra abrigo no sistema internacional de direitos humanos trabalhistas. A impetração de interditos proibitórios, independentemente do sucesso ou insucesso das ações, representa, em si, a tentativa de inviabilizar a livre participação dos trabalhadores em atos reivindicatórios ou de manifestação política e ideológica, o que implica em ofensa ao princípio da liberdade sindical e faz incidir o sistema de proteção contra atos antissindicais, notadamente, o art. 1º da Convenção n. 98 da Organização Internacional do Trabalho. Portanto, utilizar de ações judicias, na forma realizada pelos réus, em que se partiu da presunção de abusos a serem cometidos pelos grevistas, requisito particular do instituto do interdito proibitório, atenta contra os princípios concernentes ao direito de greve e configura ato antissindical, consubstanciando abuso do direito de ação, sendo devida a reparação do dano moral suportado pelos trabalhadores da categoria representada pelo Sindicato autor. Recurso de revista conhecido e provido (TST/7ª T., RR-253840-90.2006.5.03.0140, red. Vieira de Mello Filho, publ. 20.6.2014).

• **6.35.** ADMINISTRAÇÃO PÚBLICA. ADMISSÃO SEM PRÉVIO CONCURSO. CONTRATO NULO. HARMONIZAÇÃO PRÁTICA DE NORMAS CONSTITUCIONAIS. EFEITOS *EX NUNC*. Há conflito normativo entre o art. 1º, inciso IV, que consagra os valores sociais do trabalho como um dos fundamentos da República Federativa do Brasil, e o art. 37, § 2º, da CF/88, que declara nula a contratação de pessoal sem o prévio e necessário concurso público. A resolução desse conflito dá-se através do **princípio da harmonização prática** dos dispositivos, mediante o critério de ponderação de valores, sem que a solução implique negar eficácia a qualquer dos dispositivos constitucionais. Como forma de implementar os valores democráticos consubstanciados na Constituição, no momento em que visa a atingir o bem-estar e o pleno desenvolvimento e dignificação do ser humano através do trabalho, sobretudo em momento em que o cidadão se encontra mais desamparado, a nulidade contratual opera efeitos apenas *ex nunc*. Assim, detém o trabalhador o direito ao recebimento das parcelas adquiridas e vencidas no curso do contrato consentâneas com a relação de emprego, à exceção apenas das parcelas exclusivas decorrentes da despedida injustificada" (TRT-22ª Reg., RO 00416-2006.106-22-00-8, rel. Giorgi Alan Machado Araújo, publ. 20.6.2007).

• **6.36.** PRELIMINAR DE NULIDADE ARGUIDA EM CONTRARRAZÕES. DISSÍDIO COLETIVO DE GREVE. FALTA DE COMUM ACORDO. A jurisprudência desta Corte é firme ao estabelecer que apenas nos dissídios coletivos econômicos, instaurados sem greve, deve ser observado o pressuposto processual do comum acordo, fixado pela Emenda Constitucional n. 45/2004, no § 2º do art. 114 da Constituição. Preliminar rejeitada. RECURSO ORDINÁRIO DA SUSCITANTE. EXERCÍCIO DO DIREITO CONSTITUCIONAL DE GREVE MOTIVADO PELO DECUMPRIMENTO DE NORMA COLETIVA VIGENTE. NÃO ABUSIVIDADE. Não deve ser reformada a decisão do Regional, que declarou o movimento não abusivo, sob o fundamento de que o exercício do direito fundamental de greve foi motivado pelo descumprimento de norma coletiva vigente, ao teor do art. 14, parágrafo único, I, da Lei n. 7.783/89. ESTABILIDADE PROVISÓRIA DE 60 (SESSENTA) DIAS. Declarada não abusiva a greve, em razão de ter sido motivada por descumprimento de norma coletiva vigente, a jurisprudência predominante desta Corte é no sentido de manter a garantia contra dispensa arbitrária, a fim de coibir e desestimular as condutas antissindicais e garantir efetividade ao exercício do direito fundamental de greve. Recurso ordinário a que se nega provimento. RECURSO ADESIVO DO SUSCITADO. Nos dissídios coletivos, a parte vencida responde pelo pagamento das custas (art. 789, § 4º, CLT). Recurso adesivo provido (TST/SDC, RECURSO ORDINARIO RO 2027900302009502 2027900-30.2009.5.02.0000 (TST), Minª. Kátia Magalhães Arruda, DEJT 17.5.2013).

• **6.37.** RECURSO DE REVISTA. SUMARÍSSIMO. AÇÃO POSSESSÓRIA. INTERDITO PROIBITÓRIO. COMPETÊNCIA E CABIMENTO. DIREITO DE GREVE. EXERCÍCIO ABUSIVO NÃO CONFIGURADO. CARACTERIZAÇÃO DE VIOLAÇÃO AO ART. 9º DA CONSTITUIÇÃO FEDERAL. 1. O ajuizamento de ações possessórias, na Justiça do Trabalho, que decorram do exercício do direito de greve, encontra assento no art. 114, II, da Constituição da República, bem como pacificado o seu cabimento pela Súmula Vinculante 23, segundo a qual — [A] Justiça do Trabalho é competente para processar e julgar ação possessória ajuizada em decorrência do exercício do direito de greve pelos trabalhadores da iniciativa privada. 2. O cabimento dessas ações, entretanto, deve ser vista como exceção, de modo que a utilização regular dos meios de persuasão pelo sindicato, inclusive mediante piquetes pacíficos, não conduz à conclusão de que o empregador se encontra na iminência de ver violada a sua posse, tendo em vista a necessidade de se ponderar os direitos de greve e de propriedade, mormente diante da função social desta. 3. A norma do artigo art. 6º, § 3º, da Lei n. 7.783/1989, deve ser interpretada de modo a não impedir o exercício do direito de greve. 4. O interdito proibitório, portanto, não pode ser utilizado como tentativa de inviabilizar a livre adesão e participação dos trabalhadores ao movimento paredista, mas sim, para evitar atos de excesso no exercício do direito de greve e que impliquem efetivamente turbação ou esbulho na posse dos bens do autor. 5. Assim, como no caso, não há registro da ocorrência dos aludidos atos abusivos, resta caracterizado a violação do art. 9º da Constituição da República. Recurso de revista conhecido e provido (TST/1ªT., RR 1435007220095220002, Min. Hugo Carlos Scheuermann, DEJT 3.10.2014).

• **6.38.** AÇÃO CIVIL PÚBLICA. PETROBRAS. PRÁTICA DE CONDUTAS ANTISSINDICAIS. VIOLAÇÃO AO DIREITO DE GREVE. I – A greve é direito social expressamente previsto na Carta Maior, em seu art. 9º. Trata-se, portanto, de meio de autotutela, utilizado pelos trabalhadores, através do ser coletivo por eles constituído, o sindicato profissional, único modo de igualar a relação jurídica mantida com o empregador, aptos naturalmente a produzirem atos coletivos. Assim, é por excelência o modo de expressão dos trabalhadores, mecanismo necessário para que a democracia atinja às relações de trabalho. II- Nesse sentido, ao empregador não é dado impedir ou utilizar de meios que dificultem ou impeçam o exercício de tal direito, garantido constitucionalmente. DANO MORAL COLETIVO. CARACTERIZAÇÃO. I – No caso de direitos individuais homogêneos, a conduta ilícita do empregador além de ser apta a geral o dano moral individual, também pode repercutir não somente sobre os trabalhadores diretamente envolvidos, mas sobre toda a coletividade. II- No caso em apreço, mostrou-se cabível a indenização por danos morais coletivos, eis que a conduta da reclamada, de práticas antissindicais, acarreta dano a toda a sociedade. III- Nesse contexto, afigura-se pertinente a imposição da indenização postulada pelo Ministério Público, com fins repressivo e pedagógico, em favor do FAT – Fundo de Amparo ao Trabalhador (TRT-1, 3ª T., Recurso Ordinário RO 00008915920115010203, rel. Leonardo Dias Borges, publ. 23.1.2014).

• **6.39.** AGRAVO DE INSTRUMENTO EM RECURSO DE REVISTA. CONDUTA DISCRIMINATÓRIA. EMPREGADO OCUPANTE DE CARGO NA ENTIDADE DE CLASSE. ESTAGNAÇÃO FUNCIONAL. ATO ANTISSINDICAL. DANO MORAL. MONTANTE DA INDENIZAÇÃO. Decisão Regional em que fixada indenização de R$ 250.000,00 (duzentos e cinquenta mil reais) por discriminação sofrida pelo reclamante em razão dele integrar o quadro de entidade de classe operária. Aparente divergência jurisprudencial, nos moldes do art. 896 da CLT, a ensejar o provimento do agravo de instrumento, nos termos do art. 3º da Resolução Administrativa n. 928/2003. Agravo de instrumento conhecido e provido. RECURSO DE REVISTA. CONDUTA DISCRIMINATÓRIA. EMPREGADO OCUPANTE DE CARGO NA ENTIDADE DE CLASSE. ESTAGNAÇÃO FUNCIONAL. ATO ANTISSINDICAL. DANO MORAL. MONTANTE DA INDENIZAÇÃO. 1. O Reclamante pleiteia o pagamento de indenização por danos morais sob o argumento de que, a partir da sua assunção aos cargos de diretoria das entidades de classe, passou a ser prejudicado, discriminado e perseguido no seu labor, através de francas condutas antissindicais. 2. Consta do acórdão que "os atos desairosos começaram a ser perpetrados em meados de 1996, ou seja, quase vinte anos, em uma carreira sem progressão funcional, atualizações, treinamentos ou especialização, desmotivando completamente o profissional diante da atitude negativa patronal em total dissonância com a moderna concepção de modelo empresarial que valoriza a mão de obra especializada". Diante das lesões de ordem moral, sofridas pelo reclamante, o Colegiado de origem fixou indenização no importe de R$ 250.000,00 (duzentos e cinquenta mil reais). 3. Fixado montante indenizatório que não se mostra razoável, está obrigado o julgador, observadas as particularidades do caso concreto, adequar a indenização, aumentando ou reduzindo o seu valor, a fim de torná-la consentânea com o dano moral provocado. 4. No caso, a despeito da gravidade da conduta patronal e da seriedade das lesões sofridas pelo reclamante, que sugerem a fixação de indenização de valor significativo, não se verifica razoabilidade para a estipulação de valor vultoso, como ocorreu na origem. 5. Tendo em vista as particularidades do presente caso concreto, tem-se por razoável reduzir o valor da indenização para R$ 100.000,00 (cem mil reais), montante que representa justa reparação pela lesão sofrida, bem assim serve de desestímulo ao Banco reclamado, sem caracterizar enriquecimento sem causa do empregado. Recurso de revista conhecido e parcialmente provido (TST/1ª T., RR 970001720125130026, Min. Hugo Carlos Scheuermann, DEJT 14.8.2015).

• **6.310.** RECURSO INOMINADO. TRANSPORTE AÉREO. CANCELAMENTO DE VOO INTERNACIONAL. **GREVE** DE FUNCIONÁRIOS. FALHA NA PRESTAÇÃO DO SERVIÇO EVIDENCIADA. DESIDIA QUANTO A ASSISTENCIA AOS CONSUMIDORES. DEVER DE INDENIZAR. DANOS MORAIS CONFIGURA-DOS. DANO MATERIAL NÃO COMPROVADO. A parte autora narrou o atraso do vôo no trecho Veneza-Paris, e o cancelamento do vôo do trecho Paris – Rio de Janeiro, que deveria ocorrer em 20.09.2014, mas que se deu apenas em 22.9.2014. Disse que foi oferecida hospedagem em local distante e que em razão do atraso de dois dias da data de chegada, perdeu compromissos profissionais. Postulou indenização de ordem material e moral. A falta de informações e a falta assistência adequada aos passageiros configura falha na prestação dos serviços, nos termos do art. 14, *caput*, do CDC e o agir ilícito da ré, ensejando o dever de indenizar. Eventual greve dos aeroportuários não exime a requerida da responsabilidade de prestar a devida assistência aos consumidores. Danos morais que restam configurados. Autores que tiveram que aguardar dois dias para realizarem a viagem de retorno, sem a adequada assistência. Ainda, quando do novo voo, não foi observada a escolha dos autores, quantos aos assentos na aeronave, que foram eleitos estrategicamente perto do banheiro em razão da doença que acomete a autora Maria Lúcia, devidamente comprovada. Quantum indenizatório que vai fixado em R$ 2.000,00, pois quantia que se mostra razoável ao caso concreto. Danos materiais não evidenciados. Parte autora que optou por não usufruir do hotel oferecido pela ré por sua conta em risco. Lucros cessantes não comprovados. Sentença mantida no ponto. RECURSO PARCIALMENTE PROVIDO (TJ/RS, 2ªT. Cível, Recurso Cível 71005742879, relª. Ana Cláudia Cachapuz Silva Raabe, j. 21.10.2015).

• **6.311.** RECURSO INOMINADO. CONSUMIDOR. **GREVE BANCÁRIA**. IMPOSSIBILIDADE DE SAQUE. RENEGOCIAÇÃO DE DÍVIDA. IMPOSSIBILIDADE DO PAGAMENTO. **DANO MATERIAL** CONFIGURA-DO. **DANO** MORAL. INOCORRÊNCIA. SENTENÇA PARCIALMENTE MANTIDA. Sustenta o demandante que, em virtude de greve bancária, restou impossibilitado de realizar saque para pagamento de dívida renegociada, a qual restou inadimplida com a consequente perda do desconto. O caso do autos configura preclara a responsabilidade da instituição bancária. Pretendia o demandante sacar de sua conta poupança parte do valor de débito renegociado, para pagamento junto ao Banrisul. Restou impossibilitado na medida em que a paralisação bancária paralisou o atendimento em caixa do banco demandado, único meio de efetivação de saques de valor elevado. Circunstância em que o pagamento do título poderia se dar em caixa eletrônico, porquanto o esforço financeiro do demandante envolveu a movimentação de diversas contas bancárias, de modo a montar o numerário a ser adimplido. Direito de greve que não pode ser invocado com o intuito de elidir a responsabilização da instituição financeira diante dos prejuízos causados aos consumidores. Dano material que se revela na perda dos descontos efetuados quando da renegociação da dívida. A negativa de atendimento do recorrente, se por um lado configura nexo causal no sentido da provocação de dano patrimonial, de outra banda, não impõe configuração de dano moral indenizável. Situação que não ultrapassa mero dissabor e transtorno inerentes à vida moderna, incapaz de afetar os direitos de personalidade ínsitos à demandante. Por esta razão, afasta-se a verba concedida a título de dano moral Sentença parcialmente mantida. RECURSO PARCIALMENTE PROVIDO (Recurso Cível N. 71004364709, Segunda Turma Recursal Cível, Turmas Recursais, relª. Ketlin Carla Pasa Casagrande, Julgado em 18.10.2013).

• **6.312.** INDENIZAÇÃO POR **DANO MATERIAL**. CONDUTA ABUSIVA DE SINDICATO. GREVE. PIQUETE. O mero incentivo à participação dos trabalhadores em movimento de paralisação nacional, sem qualquer tipo de violência ou ameaça comprovada, não importa em responsabilidade do sindicato profissional por eventuais prejuízos decorrentes da paralisação do trabalho nos canteiros de obra. Interpretação dos arts. 1º, 2º e 6º da Lei n. 7.783/89. (TRT-17ª Reg., RO 0000830-73.2014.5.17.0002, relª. Desª. Claudia Cardoso de Souza, DEJT 21/10/2015).

Art. 7º Observadas as condições previstas nesta Lei, a participação em greve suspende o contrato de trabalho, devendo as relações obrigacionais, durante o período, ser regidas pelo acordo, convenção, laudo arbitral ou decisão da Justiça do Trabalho.

Parágrafo único. É vedada a rescisão de contrato de trabalho durante a greve, bem como a contratação de trabalhadores substitutos, exceto na ocorrência das hipóteses previstas nos arts. 9º e 14. *(STF adapta esta redação ao servidor público)*

• Comentários:

7.11. Dias parados (remuneração): Os tribunais pátrios entendem, majoritariamente, que os dias parados durante a greve não são remunerados, à exceção dos casos em que a paralisação tenha se dado por descumprimento empresarial de acordo ou convenção coletiva e de greve ambiental (segurança e saúde no trabalho) e *lockout*.

No **serviço público**, os tribunais autorizam o corte de ponto dos servidores. Com uma jurisprudência ainda oscilante sobre alguns aspectos, registram-se entendimentos de que a Administração deva, primeiramente, dar oportunidade a compensações do serviço, como reposição de horas e uso de banco de horas. Somente após superada esta fase, caso não seja possível nem aceita a compensação, é que se admite o corte de ponto. Contudo, tratam-se de entendimentos ainda oscilantes.

Esta inteligência vem do conceito de "suspensão" do contrato de trabalho, segundo o qual os efeitos do contrato ficam parcial e momentaneamente inoperantes; não há prestação de trabalho, mas, em contrapartida, não há remuneração no período.

Todavia, as partes podem negociar a respeito da suspensão, na greve, o que também pode ser objeto de arbitragem ou de decisão da Justiça do Trabalho. Então, é possível que fique acertado ou decidido que os dias parados serão remunerados.

Aspecto a destacar é quando a greve tenha origem na falta de pagamento de salários ou más-condições de trabalho. Nestas situações, não seria justo submeter os trabalhadores a violações tão graves a seus direitos fundamentais. Sua mobilização não pode ser apenada com descontos pelos dias parados. Daí, excepcionalmente, estas situações justificam que os dias parados sejam remunerados, o que será decidido pelo Judiciário, se de outra forma os empregados não conseguirem.

Havendo pagamento dos dias parados, logicamente deverão ser recolhidas as contribuições sociais, como FGTS e INSS, além da contagem do tempo para férias e outros direitos.

Em caso no qual o Dissídio Coletivo de Abusividade de Greve fora extinto sem resolução de mérito, o TRT-22ª Região interpretou que não seriam cabíveis os descontos salariais, já que não houvera declaração de abusividade da paralisação: RO 655-09.2012.5.22.0003, Des. Arnaldo Boson, j. 22.1.2014.

7.12. Estabilidade provisória: O dispositivo sob comento proíbe *"a rescisão de contrato de trabalho durante a greve"*. Institui, assim, modalidade de estabilidade no emprego, mas apenas durante a greve. Não explica se a garantia cede perante o cometimento de "justa causa" (art. 482, CLT) ou de "falta grave" (art. 493, CLT).

A Súmula n. 316-STF reza que *"a simples adesão a greve não constitui falta grave"*. Dá a entender que a falta apta a justificar a rescisão contratual, na greve, é a "falta grave" e não a mera "justa causa".

Lembre-se o leitor de que o art. 482, CLT, enuncia taxativamente as modalidades de **justas causas**: ato de improbidade, mau procedimento, incontinência de conduta, indisciplina, insubordinação, abandono de emprego, violência contra o empregador etc. Já o conceito de **falta grave** está previsto no art. 493, CLT: *"Constitui falta grave a prática de qualquer dos fatos a que se refere o art. 482, quando por sua repetição ou natureza representem séria violação dos deveres e obrigações do empregado"*.

A jurisprudência tem aceito a rescisão contratual por justa causa quando o trabalhador participa, ativamente, de greve declarada abusiva pelo Tribunal.

7.13. Dispensa após a greve: Considerando que a estabilidade assegurada legalmente é apenas durante a greve, tem-se a possibilidade de rescisão após ela ter finalizado. Porém, o retorno ao direito potestativo de rescisão pelo empregador não pode ter nenhuma vinculação com o exercício da greve, pois isto significaria mero adiamento da retaliação ao grevista e poderia caracterizar conduta antissindical. O empregador tem a liberdade de rescindir o contrato de trabalho, mas não pode ter a pretensão de usar este mecanismo como instrumento de punição pelo exercício de direito constitucionalmente assegurado aos trabalhadores. Caso constatado que a dispensa foi retaliativa, ela se torna nula, como nulos são os atos antissindicais. Acarreta, também, a reintegração, com os salários do período de afastamento, e indenização por danos morais, quiçá materiais. A discriminação no trabalho é proibida pela Lei n. 9.029/95, sendo que a Convenção n. 198-OIT (art. 1º-2), ratificada pelo Brasil, protege o trabalhador contra condutas antissindicais consistentes em despedida ou qualquer ato que lhe cause prejuízo por haver participado de atividades sindicais.

A Lei n. 13.467/2017 (Reforma Trabalhista) incumbe à Comissão de Representantes de Empregados na Empresa, no art. 510-B: *"V – assegurar tratamento justo e imparcial aos empregados, impedindo qualquer forma de discriminação por motivo de sexo, idade, religião, opinião política ou **atuação sindical**"*. O papel da Comissão é, primordialmente, neste peculiar: *(a)* levar o caso à direção da empresa, para que ela adote medidas corretivas ou preventivas; e *(b)* denunciar ao sindicato da categoria e/ou às autoridades públicas, para que adotem as providências apropriadas, inclusive judicialmente, já que a Comissão não possui personalidade jurídica e, portanto, não tem capacidade processual para promover ações judiciais.

Tanto o trabalhador, quanto seu sindicato ou o MPT poderão adotar providências para combater o ato antissindical e discriminatório.

A jurisprudência do TST, da década de 1990, interpretou que a despedida do trabalhador após a greve não lhe asseguraria reintegração, mas apenas indenização dos salários e vantagens do período: E-RR-272.663/96.3 (Rel. Min. José Luiz Vasconcellos); E-RR-6869/88, Ac.

3858/95, rel. Min. Vantuil Abdala, DJ 15.12.1995; e E-RR-4205/89, Ac. 2296/92, rel. Min. Ermes Pedrassani, DJ 30.10.1992.

7.14. Contratação de trabalhadores substitutos. O parágrafo único do art. 7º, ora anotado, proíbe a contratação de trabalhadores substitutos, o que se mostra apropriado para o exercício do direito. De fato, se fosse possível contratar trabalhadores substitutos neste período, haveria supressão dos efeitos da paralisação, minando-a em sua própria existência. Contudo, o legislador criou duas exceções: *(a)* no caso do art. 9º, para assegurar serviços inadiáveis da empresa; e *(b)* nas situações descritas no art. 14, que consistem, basicamente, na paralisação coletiva após celebração de acordo ou convenção coletiva ou após a prolação da sentença normativa.

Constitui conduta antissindical, ofensiva ao direito de greve, a contratação de trabalhadores para substituir os grevistas, quando não amparada nas exceções contidas no art. 7º. Os contratados irregularmente terão seus contratos rescindidos, sem prejuízo de perceberem os salários e vantagens do período. Além da nulidade das contratações, o sindicato profissional ou o Ministério Público poderão responsabilizar a empresa contratante por danos morais coletivos, em face da dimensão metaindividual do ato violador.

- *Ver anotações ao art. 9º, desta Lei.*

• **7.15. Demissão de servidores públicos grevistas:** Por força do MI n. 712, STF (Min. Eros Grau, j. 12.4.2007), a redação deste dispositivo, especificamente para os servidores públicos, até que lei trate da matéria é a seguinte (observe a modificação dada pelo STF, ora grifada):

> **Art. 7º:** "Parágrafo único. É vedada a rescisão de contrato de trabalho durante a greve, exceto na ocorrência da hipótese prevista no art. 14."

A decisão do STF não explica a forma como se dará a demissão do servidor, mas é de se admitir que deverá ser precedida de procedimento apuratório no qual se assegure o contraditório e a ampla defesa (art. 5º, LV, CF; e Súmula n. 20-STF). A demissão sumária fere os princípios constitucionais do devido processo legal. É preciso, ainda, para a configuração da falta funcional, que a greve seja julgada abusiva e fique comprovada a participação efetiva e decisiva do servidor na paralisação (Súmula n. 316-STF).

• Legislação:

> • **7.21. Lei n. 9.029/95:** "Art. 1º É proibida a adoção de qualquer prática discriminatória e limitativa para efeito de acesso à relação de trabalho, ou de sua manutenção, por motivo de sexo, origem, raça, cor, estado civil, situação familiar, deficiência, reabilitação profissional, idade, entre **outros**, ressalvadas, nesse caso, as hipóteses de proteção à criança e ao adolescente previstas no inciso XXXIII do art. 7º da Constituição Federal."
>
> "Art. 4º O rompimento da relação de trabalho por ato discriminatório, nos moldes desta Lei, além do direito à reparação pelo dano moral, faculta ao empregado optar entre:
>
> I – a reintegração com ressarcimento integral de todo o período de afastamento, mediante pagamento das remunerações devidas, corrigidas monetariamente e acrescidas de juros legais;
>
> II – a percepção, em dobro, da remuneração do período de afastamento, corrigida monetariamente e acrescida dos juros legais."

• Jurisprudência:

• **7.31. STF, Súmula n. 316:** *"A simples adesão a greve não constitui falta grave".*

• **7.32. TST/1ª T.,** AIRR 1219/2004-019-10-40.2, Convoc. Maria do Perpétuo Socorro Wanderley de Castro, j. 22.11.2006: Nesta decisão, o TST replicou os fundamentos do TRT-10ª Região para entender que o bloqueio de saída de carro da garagem de empresa de vigilância, por sindicalista, justifica punição disciplinar do responsável, embora não tipifique falta grave. Diz o acórdão, a este respeito:

"Mas atribuir-lhe a pena máxima, considerando-se as circunstâncias em que se deram os fatos, extrapola os limites da razoabilidade.

Tratava-se de uma paralisação parcial de empregados da Empresa, com adesão de vários funcionários e participação de membros do sindicato, com o intuito de buscar solução de questões relativas à relação de emprego. Ainda que o movimento não tenha sido legitimado pela totalidade da categoria envolvida, não há dúvidas de que houve adesão parcial e de que o bloqueio da saída da Empresa foi uma forma de pressão utilizada pelos empregados. Desse modo, a falta cometida pelo Requerido há de ser analisada dentro desse contexto."

• **7.33.** JUSTA CAUSA. SIMPLES PARTICIPAÇÃO EM PARALISAÇÃO COLETIVA. ABUSIVIDADE DA GREVE. NÃO CARACTERIZAÇÃO. Ainda que se reconheça eventual abusividade de movimento paredista, a simples adesão à paralisação coletiva não é suficiente para caracterizar a prática de falta grave (Súmula n. 316 do Supremo Tribunal Federal). Não restando evidenciado que a autora praticou atos de depredação contra o patrimônio empresarial ou de violência contra outros trabalhadores, não há que se confirmar a justa causa sustentada pelo empregador. Aliás, demissão por justa causa de centenas de trabalhadores, em razão de paralisação coletiva em um único dia, caracteriza retaliação e abuso de poder econômico com o objetivo de intimidar a categoria, o que não pode ser chancelado pelo Poder Judiciário (TRT-24ª Região, RO 754-2008-086-24-00-0, Des. Amaury Rodrigues Pinto Júnior, j. 19.5.2009).

• **7.34. Pagamento dos dias parados:** "Predomina nesta Corte o entendimento de que a greve configura a suspensão do contrato de trabalho, e, por isso, como regra geral, não é devido o pagamento dos dias de paralisação, exceto quando a questão é negociada entre as partes ou em situações excepcionais, como na paralisação motivada por descumprimento de instrumento normativo coletivo vigente, não pagamento de salários e más-condições de trabalho. No caso, infere-se que a postulação não se enquadra nas hipóteses de excepcionalidade admitidas pela jurisprudência desta Corte. Portanto, não há como ser deferida a postulação pela via judicial" (TST/SDC, RO 10252-59.2013.5.01.0000, Minª. Kátia Magalhães, publ. 13.11.2015).

• **7.35.** AGRAVO DE INSTRUMENTO EM RECURSO DE REVISTA. NULIDADE. NEGATIVA DE PRESTAÇÃO JURISDICIONAL. AFRONTA AO Art. 93, IX, DA CRFB NÃO CONFIGURADA. DESPROVIMENTO DO APELO. (...). AGRAVO DE INSTRUMENTO EM RECURSO DE REVISTA. DANO MORAL. CONDUTA ANTISSINDICAL. PROMOÇÃO CONDICIONADA À RENÚNCIA DO RECLAMANTE AO CARGO DE DIRIGENTE SINDICAL. AFRONTA AOS ARTS. 5º, II, V E X, DA CRFB NÃO CONFIGURADA. DESPROVIMENTO DO APELO. (...). A **criminalização dos movimentos sindicais**, ou mesmo condutas antissindicais, como a dos presentes autos, em que a promoção do trabalhador com participação ativa no movimento sindical ou porque é dirigente sindical, viola diversos direitos constitucionais, atingindo direito fundamental do trabalhador bem como o direito à livre associação sindical (art. 8º, *caput*, da CRFB). Infelizmente ainda presenciamos atos e procedimentos antissindicais, como o narrado nos presentes autos, traduzidos em discriminação, punição ou despedida de dirigentes e ativistas sindicais ou, mais grave ainda, daqueles que simplesmente participaram de movimentos grevistas. As relações laborais são marcadas pela desigualdade, sendo que no plano coletivo o trabalhador consegue alguma eficácia nas suas reivindicações, mesmo assim depende muito da possibilidade e da atuação de seus representantes sindicais em reuniões, assembleias, piquetes, atos de convencimento e propaganda, a negociação coletiva e, inclusive, quando da utilização do direito constitucional de greve. A precariedade, a flexibilização, o regime de instabilidade no emprego, a flutuação e o deslocamento das empresas já são suficientes para o enfraquecimento dos movimentos coletivos e sindicais. De modo que os trabalhadores não precisam da dose extra que é a repressão das atividades sindicais e da atuação de seus dirigentes. É verdade que, em princípio, nenhuma empresa privada que não tenha plano de carreira específico está compelida a promover funcionários; entretanto, o agravante condicionou a promoção do Reclamante a que este "abrisse mão" de seu cargo de dirigente sindical! Em suma, certo é que o reclamado, em clara conduta antissindical, violando dispositivos celetários e constitucionais, prejudicou o reclamante em sua vida profissional, motivo pelo qual é devida a condenação em indenização por dano moral, inclusive por motivos didáticos, para que a empresa não mais pratique atos da mesma natureza e passe a valorizar a vida e o equilíbrio psicológico dos seus empregados. Vale destacar, inclusive, que o legislador não só garantiu o direito de filiação a sindicato, mas também assegurou o desempenho de atividades sindicais, ao vedar a dispensa do empregado sindicalizado, a partir do momento do registro de sua candidatura a cargo de direção de entidade sindical, até um ano após o final do seu mandato, caso seja eleito. Assim, não demonstrada violação aos dispositivos constitucionais invocados, incabível o processamento do recurso de revista, com fundamento no art. 896, "c", da CLT. Agravo de instrumento desprovido (TST, AI-RR 1123020115010551, DEJT 29.10.2015).

• **7.36. STF/Pleno, MI 670/ES:** "6.4 (...). Como regra geral, portanto, os salários dos dias de paralisação não deverão ser pagos, salvo no caso em que a greve tenha sido provocada justamente por atraso no pagamento aos servidores públicos civis, ou por outras situações excepcionais que justifiquem o afastamento da premissa da suspensão do contrato de trabalho (art. 7º da Lei n. 7.783/1989, *in fine*)" (Min. Mauricio Corrêa, j. 25.10.2007).

• **7.37.** DISSÍDIO COLETIVO DE GREVE. IMBEL. CLÁUSULAS ECONÔMICAS. 1. Diante do achatamento salarial da categoria, com mais de 50% dos empregados da IMBEL (Indústria de Material Bélico do Brasil) percebendo salário em torno do mínimo legal, foi ajuizado dissídio coletivo articulado em 71 cláusulas, com deflagração de greve. 2. Em audiência promovida por este Relator, as Partes em conflito concordaram na manutenção das condições previstas no acordo coletivo anterior, desistindo-se do dissídio quanto às cláusulas sociais, remanescendo 3 cláusulas econômicas para julgamento. 3. Quanto à greve, considero-a não abusiva, uma vez atendidos os requisitos legais para sua deflagração: frustração das negociações, aprovação por assembleia geral específica, aviso prévio de 48 horas e utilização de meios pacíficos. 4. Sendo o período de greve considerado de suspensão do contrato de trabalho (Lei n. 7.783 /89, art. 7º) e tendo, no caso, a paralisação se dado em face da mútua intransigência (insensibilidade obreira para a situação financeira precária da Empresa e ausência de empenho patronal em obter do DEST — Departamento de Coordenação e Controle das Empresas Estatais — condições para reajuste salarial que ao menos repusesse a inflação do período), devem ambas as partes arcar parcialmente com os ônus da paralisação. Assim sendo, determino o pagamento de 50% dos dias parados e a compensação pelos trabalhadores dos demais dias. 5. Em que pese a inflação do período (1º.4.2005-31.3.2006) ter ficado em 4,15%, defere-se o reajuste salarial de 6%, aceito pela Empresa e parte da categoria, diante da circunstância de que mais de 50% dos empregados recebem salário mínimo. 5. Em que pese a inflação do período (1º.4.2005-31.3.2006) ter ficado em 4,15%, defere-se o reajuste salarial de 6%, aceito pela Empresa e parte da categoria, diante da circunstância de que mais de 50% dos empregados recebem salário mínimo, cujo reajuste legal foi superior a esse percentual. Por essa mesma razão, não obstante ser convencional a norma coletiva anterior, indefere-se o reajuste salarial do piso salarial da categoria nos moldes da jurisprudência do TST (mesmo percentual do reajuste salarial deferido), já que resultaria em valor inferior ao mínimo legal. Dissídio coletivo julgado procedente em parte (TST/SDC, RO 1713616-52.2006.5.00.0000, Min. Ives Gandra Martins Filho, publ. 19.10.2007).

• 7.38. TST/SDC, DC 6535-37.2011.5.00.000: "Em síntese, reitere-se: embora a greve seja direito constitucional fundamental de caráter individual e coletivo (art. 9º, CF), os dias de afastamento do trabalho pelo obreiro grevista são considerados, a princípio, regra geral, como período de suspensão contratual (art. 7º, *ab initio*, da Lei n. 7.783/1989), em conformidade, porém, com o específico enquadramento a ser feito pelo instrumento normativo regente da extinção do movimento grevista e de seus efeitos na relação entre as partes (art. 7º, *ab initio*, e 8º Lei n. 7.783/89). Esse enquadramento tem seguido, de acordo com a jurisprudência dominante dois critérios: de um lado, se a greve for tida como abusiva, por descumprir a Constituição ou a Lei de Greve, ou por caracterizar-se por manifestos, reiterados e generalizados atos de violência do movimento, o instrumento normativo regente declarará a suspensão do contrato, com a autorização para o desconto monetário dos dias de afastamento pelo empregador. De outro lado, se a greve for tida como lícita não abusiva e, mais do que isso, tenha sido deflagrada em face de conduta claramente abusiva da empresa, quer por não pagar ou por atrasar salários, não cumprir instrumento normativo em vigência ou outra violação grave similar, o instrumento normativo regente declarará a simples interrupção contratual quanto aos dias de afastamento (e não suspensão), considerando incabível desconto a esse título pela empresa. Nas situações intermediárias, em que a greve configura-se lícita, não abusiva, ao mesmo tempo em que o empregador também não apresenta conduta coletiva censurável, a solução jurídica, pelo instrumento normativo regente, deve ser equânime e proporcional, ou seja, reconhecer e regra geral da suspensão, fixada pelo art. 7º, *ab initio*, da Lei n. 7.783/89, porém determinando o pagamento *in natura*, por meio do próprio trabalho, ao invés do mais rigoroso pagamento por meio do desconto salarial. Nessa linha, o pagamento *in natura*, através de compensação por trabalho dos dias de ausência grevista, é a solução que melhor pondera os valores, princípios e regras contrapostos, nesse aspecto, na ordem jurídica."

Em síntese, a decisão prevalecente, neste DC 6535/2011, foi: "por maioria, pelo voto médio: **a)** autorizar o desconto salarial referente a 7 (sete) dias de participação no movimento paredista, bem assim a compensação, por meio de trabalho, dos demais 21 (vinte e um) dias de greve. Por conseguinte, não se determinou a devolução imediata do valor relativo aos 6 (seis) dias já descontados pela Suscitante; **b)** a compensação dos 21 (vinte e um) dias de paralisação será realizada da seguinte forma: **b.1)** ocorrerá aos sábados e domingos, conforme necessidade da ECT, observada a mobilidade de área territorial (na mesma região metropolitana e sem despesas de transporte para o trabalhador); **b.2)** por interesse das partes, a compensação poderá alcançar outro município, mediante o pagamento de diárias e despesas de transporte; **b.3)** a compensação será estendida até o segundo domingo de maio de 2012; **b.4)** as convocações para o trabalho serão feitas, no mínimo, com 72 horas de antecedência, salvo quanto aos dias 15 e 16 de outubro de 2011 (próximos sábado e domingo), para os quais ficam os trabalhadores desde já convocados; **b.5)** o trabalho em compensação respeitará todos os intervalos legais. No tocante a esse item, ficaram vencidos parcialmente e em pontos diversos este Relator e a Exma. Ministra Kátia Arruda, que determinavam a devolução imediata pela Suscitante dos dias descontados em decorrência da participação do trabalhador no movimento grevista, determinando também a compensação de todos os dias parados, mas na forma de trabalho. Vencidos, igualmente, os Exmos. Ministros João Oreste Dalazen, Walmir Oliveira da Costa, Fernando Eizo Ono e Dora Maria da Costa, que determinavam o desconto integral de todos os dias de paralisação" (Min. Mauricio Godinho, j. 11.10.2011, trecho do voto).

• **7.39.** DIREITO COLETIVO E INDIVIDUAL DO TRABALHO. EXERCÍCIO DO DIREITO DE GREVE. ILEGALIDADE. DESCONTOS DOS DIAS PARADOS. NORMA COLETIVA. INTERPRETAÇÃO RESTRITIVA. A norma coletiva que estabelece que 50% (cinquenta por cento) dos dias parados (greve abusiva) serão de responsabilidade do trabalhador não dá ensejo a que se entenda que tais dias não serão computados como faltas injustificadas para fins do art. 130 , inciso II , da CLT , ou percebimento do prêmio-assiduidade, porquanto os contratos benéficos interpretam-se de forma restrita (art. 1.090 do Código Civil) e a responsabilidade pelos atos praticados durante o período de greve deve ser apurada segundo a legislação trabalhista (art. 15 da Lei N. 7.783 /89). Recurso de revista conhecido, em parte, e não provido (TST/5ª T., RR 454.623/98.9, Min. Aloysio Santos, DJ 24.5.2002).

• **7.310. TST, estabilidade de temporários grevistas:** RECURSO ORDINÁRIO. DISSÍDIO COLETIVO DE GREVE. 1. ALEGAÇÃO DE JULGAMENTO FORA DOS LIMITES DA LIDE. Nos dissídios coletivos de greve, cabe ao Judiciário deliberar não apenas quanto à abusividade ou não da greve, mas também quanto às questões e reivindicações apresentadas no curso da ação coletiva, não constituindo julgamento fora dos limites da lide a fixação dessas condições de trabalho. (...). 4. GREVE. ESTABILIDADE NO EMPREGO. TRABALHADORES TEMPORÁRIOS. A jurisprudência desta Corte tem se posicionado, na hipótese de greve não abusiva, no sentido de manter a garantia contra a dispensa arbitrária. Esse entendimento se justifica como forma de coibir as condutas antissindicais e de garantir a efetividade do exercício do direito de greve. Todavia, esta Seção compreendeu não ser possível, na hipótese em análise, conferir garantias de emprego a trabalhadores temporários, na linha, inclusive, do que já havia decidido no julgamento do processo TST-ES—9761-16.2012.5.00.0000 (por meio do qual se postulou efeito suspensivo ao recurso ordinário que ora se analisa). Recurso ordinário provido, no tema. 5. CLÁUSULAS. Recurso ordinário parcialmente provido para adaptar uma das cláusulas questionadas (TST/SDC, RO-1533-35.2012.5.15.0000, Min. Mauricio Godinho Delgado, j. 17.2.2014).

• **7.311. TRT-7ª Reg., contratação temporária de trabalhadores na greve. Dano moral coletivo:** "(...). RECURSO ORDINÁRIO DO MINISTÉRIO PÚBLICO DO TRABALHO. CONDUTAS ILÍCITAS E ANTISSINDICAIS. DANOS MORAIS COLETIVOS. EXISTÊNCIA. Induvidosa a conduta antissindical praticada pela empresa recorrida, por violação direta dos mandamentos constitucionais que consagram a liberdade sindical (art. 8º) e o direito de greve (art. 9º), art. 1º da Convenção 98 da OIT, assim como ao art. 7º da Lei n. 7.783/89, que veda a contratação de trabalhadores em substituição aos grevistas, cabível a indenização por danos morais coletivos, observados os critérios das razoabilidade e proporcionalidade. Recurso Ordinário da Reclamada e Adesivo do MPT conhecidos e parcialmente providos" (TRT-7ª Reg., RO 0001525-34.2013.5.07.0004, Relª. Maria Roseli Mendes Alencar, j. 22.2.2017).

• **7.312. STF, servidor público, desconto dos dias parados, corte de ponto:** "O Tribunal, apreciando o tema 531 da **repercussão geral**, por unanimidade, conheceu em parte do recurso, e, por maioria, na parte conhecida, deu-lhe provimento, vencidos os Ministros Edson Fachin, Rosa Weber, Marco Aurélio e Ricardo Lewandowski, que lhe negavam provimento. Em seguida, o Tribunal, por maioria, fixou tese nos seguintes termos: '**A administração pública deve proceder ao desconto dos dias de paralisação decorrentes do exercício do direito de greve pelos servidores públicos**, em virtude da suspensão do vínculo funcional que dela decorre, permitida a compensação em caso de acordo. O desconto será, contudo, incabível se ficar demonstrado que a greve foi provocada por conduta ilícita do Poder Público', vencido o Ministro Edson Fachin. Não participaram da fixação da tese a Ministra Rosa Weber e o Ministro Marco Aurélio" (STF/Pleno, RE n. 693.456, j. 27.10.2016).

> **Art. 8º** A Justiça do Trabalho, por iniciativa de qualquer das partes ou do Ministério Público do Trabalho, decidirá sobre a procedência, total ou parcial, ou improcedência das reivindicações, cumprindo ao Tribunal publicar, de imediato, o competente acórdão.

• Comentários:

8.11. Instauração de instância. Em face da Constituição Federal em vigor, o Presidente do Tribunal não pode instaurar instância, o que era permitido pelo art. 856, CLT, o qual não foi recepcionado pela ordem constitucional de 1988. A CF andou melhor, dando mais um passo no afastamento do Estado das relações coletivas e priorizando o princípio dispositivo da jurisdição (inércia do Judiciário). Até a instauração de Dissídio Coletivo, agora, depende do mútuo acordo entre as partes do conflito (art. 114, § 2º, CF). Fica a ressalva, porém, no caso de greve, em que nenhuma das partes necessita do aval da outra para promover o Dissídio Coletivo.

O MPT só poderá instaurar Dissídio Coletivo se satisfeitas as seguintes condições cumulativas: *(a)* em casos de greve; *(b)* se a greve for em serviço essencial; e *(c)* se houver alguma lesão ou ameaça a interesse público. Inteligência do art. 114, § 3º, CF.

- *Ver art. 12 e suas anotações.*

No âmbito do serviço público, o Ministério Público poderá instaurar instância nas greves em geral dos servidores, considerando que, por força do MI 708, do STF, considera-se que a atividade é essencial por natureza.

8.12. Petição de Dissídio Coletivo e competência: A petição inicial do Dissídio Coletivo deverá ser fundamentada e munida de prova do alegado, não se aplicando o *jus postulandi* das partes. É endereçada ao Presidente do Tribunal competente. Se o conflito for restrito à área de jurisdição do Tribunal local, a ele será dirigida a petição; mas se o conflito envolver a área de jurisdição de mais de um Tribunal ou Região, a petição será dirigida ao Presidente do Tribunal Superior. Isto em respeito à competência dos TRTs e do TST.

O mesmo raciocínio, *mutatis mutandis,* vale para os conflitos envolvendo servidores não celetistas: (a) Tribunal de Justiça ou Tribunal Regional Federal ou (b) Superior Tribunal de Justiça.

Além dos fundamentos, a petição de Dissídio Coletivo, em geral, deve conter as bases para eventual conciliação (art. 858, CLT). Entre os documentos que devem instruir a petição, se a instância for instaurada por entidade sindical profissional, indica-se: ata da assembleia, registro sindical, dados do mandato da Diretoria, Estatuto sindical, instrumento coletivo de trabalho (com minuta das propostas aprovadas na assembleia), atas das rodadas de negociação, documento que comprove o esgotamento da via negocial, documentos que evidenciem a comprovação de atendimento dos requisitos da greve etc.

Se é entidade patronal que promove o Dissídio, requerendo a abusividade da greve, cabe-lhe provar fatos que comprovem a ilegalidade da paralisação ou a prática de abusos no exercício do direito, como atos de violência e inobservância das vedações dispostas no art. 6º desta Lei n. 7.783/89.

• Legislação:

- **8.21. CF**, art. 114: "§ 3º Em caso de greve em atividade essencial, com possibilidade de lesão do interesse público, o Ministério Público do Trabalho poderá ajuizar dissídio coletivo, competindo à Justiça do Trabalho decidir o conflito.

- **8.22. LC n. 75/93:** "Art. 83. Compete ao Ministério Público do Trabalho o exercício das seguintes atribuições junto aos órgãos da Justiça do Trabalho:

VIII – instaurar instância em caso de greve, quando a defesa da ordem jurídica ou o interesse público assim o exigir;

IX – promover ou participar da instrução e conciliação em dissídios decorrentes da paralisação de serviços de qualquer natureza, oficiando obrigatoriamente nos processos, manifestando sua concordância, em eventuais acordos firmados antes da homologação, resguardado o direito de recorrer em caso de violação à lei e à Constituição Federal".

• 8.23. Lei n. 10.192/2001:

"Art. 12. No ajuizamento do dissídio coletivo, as partes deverão apresentar, fundamentadamente, suas propostas finais, que serão objeto de conciliação ou deliberação do Tribunal, na sentença normativa.

§ 1º A decisão que puser fim ao dissídio será fundamentada, sob pena de nulidade, deverá traduzir, em seu conjunto, a justa composição do conflito de interesse das partes, e guardar adequação com o interesse da coletividade.

§ 2º A sentença normativa deverá ser publicada no prazo de quinze dias da decisão do Tribunal.

Art. 13. No acordo ou convenção e no dissídio, coletivos, é vedada a estipulação ou fixação de cláusula de reajuste ou correção salarial automática vinculada a índice de preços.

§ 1º Nas revisões salariais na data-base anual, serão deduzidas as antecipações concedidas no período anterior à revisão.

§ 2º Qualquer concessão de aumento salarial a título de produtividade deverá estar amparada em indicadores objetivos.

Art. 14. O recurso interposto de decisão normativa da Justiça do Trabalho terá efeito suspensivo, na medida e extensão conferidas em despacho do Presidente do Tribunal Superior do Trabalho."

• Jurisprudência:

• 8.31. OJ n. 05, SDC/TST: DISSÍDIO COLETIVO. PESSOA JURÍDICA DE DIREITO PÚBLICO. POSSIBILIDADE JURÍDICA. CLÁUSULA DE NATUREZA SOCIAL. Em face de pessoa jurídica de direito público que mantenha empregados, cabe dissídio coletivo exclusivamente para apreciação de cláusulas de natureza social. Inteligência da Convenção n. 151 da Organização Internacional do Trabalho, ratificada pelo Decreto Legislativo n. 206/2010.

• 8.32. DC. GREVE. MINISTÉRIO PÚBLICO DO TRABALHO. ILEGITIMIDADE ATIVA "AD CAUSAM". ATIVIDADE NÃO ESSENCIAL. O Ministério Público do Trabalho não possui legitimidade ativa "ad causam" para ajuizar dissídio coletivo de greve em razão da paralisação coletiva dos empregados em empresas de transporte de valores, escolta armada, ronda motorizada, monitoramento eletrônico e via satélite, agentes de segurança pessoal e patrimonial, segurança e vigilância em geral da região metropolitana de Vitória/ES, pois tais serviços não estão previstos no art. 10 da Lei n. 7.783/89, que trata das atividades tidas como essenciais. Incidência do art. 114, § 3º, da CF, com redação dada pela Emenda Constitucional n. 45/04. Com esse entendimento, a SDC, por maioria, declarou a extinção do processo, sem resolução do mérito, nos termos do art. 267, VI, do CPC, vencidos os Ministros Maurício Godinho Delgado, Walmir Oliveira da Costa e Kátia Magalhães Arruda, que entendiam pela legitimidade do MPT, uma vez que, tratando-se de vigilância patrimonial, resta patente o interesse público, ainda que não configurada atividade essencial (TST/SDC, RO 700-65.2009.5.17.0000, Min. Fernando Eizo Ono, 11.12.2012).

• 8.33. GREVE. ABUSIVIDADE OU NÃO. COMPETÊNCIA FUNCIONAL DOS TRIBUNAIS REGIONAIS. O Juízo de primeiro grau não tem **competência** para declarar o movimento paredista abusivo ou não, pois, em que pese a **competência** material da Justiça do Trabalho tenha sido ampliada pela Emenda Constitucional n. 45 /2004, para processar e julgar as ações sobre o exercício do direito de greve (art. 114 , II , da CF), isso não alterou a **competência funcional** fixada no art. 856 da CLT , ou seja, permanece no âmbito da **competência** originária dos **Tribunais Regionais** o poder para processar e julgar os dissídios coletivos, dentre eles, o dissídio de greve. É o que se extrai, inclusive, dos entendimentos consubstanciados na Súmula n. 189 e no Precedente Normativo n. 29, ambos do C. TST. DIREITO DE GREVE. NULIDADE DAS SUSPENSÕES DOS EMPREGADOS QUE DELA PARTICIPARAM. Incontroverso que as punições aplicadas decorreram da greve realizada pelos substituídos, considerada ilegal pela Ré, unilateralmente. O exercício do direito fundamental de greve, por si só, não poderia gerar punições aos trabalhadores que a ela aderiram, eis que buscavam a melhoria das condições de trabalho. Não se nega que a colocação de cadeado no portão da unidade seja punível; no entanto, em que pese a sindicância sumária ter apontado grevistas como responsáveis pelo fechamento do portão de acesso (com corrente e cadeado) àquela unidade operacional, com o consequente impedimento de acesso do caminhão para carga e descarga de objetos postais, a prova oral colhida nos autos revelou que as punições ocorreram tão somente pela participação na greve, sem que fosse possível identificar quem trancou o portão. Recurso do Sindicato-Autor a que se dá provimento, no particular (TRT-9ª Reg., 1ª T., 32942-2009-15-9-0-3, rel. Ubirajara Carlos Mendes, publ. 25.11.2011).

• **8.34.** AÇÃO DECLARATÓRIA DE ABUSIVIDADE DE GREVE CONVERTIDA EM DISSÍDIO COLETIVO DE NATUREZA ECONÔMICA. MÚTUO CONSENSO DAS PARTES PARA INSTAURAÇÃO DA INSTÂN-CIA. A exigência do comum acordo para ajuizamento do dissídio coletivo, previsto no art. 114, § 2º, da Constituição Federal, não guarda pertinência com os dissídios coletivos de greve. Ademais, no caso em apreço, o dissídio iniciado por provocação do ente patronal, que pretendia o reconhecimento da abusividade da **greve, foi convertido em dissídio coletivo de natureza econômica**, por anuência expressa das partes. Logo, foi atendido o requisito previsto no art. 114, § 2º, da Constituição Federal. Admitido o dissídio coletivo e, no mérito, julgado procedente em parte o pedido (TRT-18ª Reg., Pleno, DCG 0010323-82.2016.5.18.0000, rel. Geraldo Rodrigues do Nascimento, j. 23.11.2016).

• **8.35.** DISSÍDIO COLETIVO DE GREVE (...). Porém, havendo greve em andamento, torna-se possível a propositura de dissídio coletivo por qualquer ddas partes, empregador ou sindicato patronal e sindicato de trabalhadores, ou pelo Ministério Público do Trabalho (art. 114, § 3º, CF; art. 8º, Lei n. 7.783/89). No dissídio coletivo de greve, o conteúdo pode ser também econômico, em face de a Constituição determinar, genericamente, caber à Justiça do Trabalho decidir o conflito (§ 3º do art. 114), ao passo que o art. 8º da Lei de Greve se refere a decisão sobre todo o conteúdo do dissídio" (TST/SEDC, RO 3300-88.2011.5.17.0000, Rel. Mauricio Godinho Delgado, sítio TST).

Art. 9º Durante a greve, o sindicato ou a comissão de negociação, mediante acordo com a entidade patronal ou diretamente com o empregador, manterá em atividade equipes de empregados com o propósito de assegurar os serviços cuja paralisação resultem em prejuízo irreparável, pela deterioração irreversível de bens, máquinas e equipamentos, bem como a manutenção daqueles essenciais à retomada das atividades da empresa quando da cessação do movimento. *(STF adapta esta redação ao servidor público)*

Parágrafo único. Não havendo acordo, é assegurado ao empregador, enquanto perdurar a greve, o direito de contratar diretamente os serviços necessários a que se refere este artigo. *(STF adapta esta redação ao servidor público)*

• **Comentários:**

9.11. Bens e serviços cuja paralisação acarrete prejuízo irreparável. As atividades essenciais (art. 10) e os serviços indispensáveis ao atendimento de necessidades inadiáveis (art. 11) foram elaborados para assegurar interesses públicos e da **sociedade**. Dizem respeito à vida, à segurança, à saúde etc. Dali é que se retiram as atividades e serviços a ser mantidos pelos trabalhadores. Se não houver acordo entre eles e a empresa ou entidade patronal, o Estado assegurará a prestação dos serviços indispensáveis (art. 12).

Porém, o presente art. 9º trata de outra matéria, agora de interesse da **empresa**. O objeto, aqui, são serviços cuja paralisação causa prejuízo irreparável. Cabe aos trabalhadores assegurarem tais serviços, bem como manter os bens, máquinas e equipamentos essenciais à retomada das atividades da empresa quando cessar a greve. Prejuízo irreparável é aquele cuja suspensão ou supressão acarrete irreversibilidade. A lei estabelece que esta irreparabilidade decorre de deterioração de bens, máquinas e equipamentos, de forma irreversível. Esta disposição legal se justifica porque existem determinadas atividades empresariais em que o maquinário não pode, simplesmente, ser desligado abruptamente nem religado sem prévia preparação e adoção de cautelas especiais. É o que acontece com determinados fornos, caldeiras e turbinas.

Se não houver acordo para assegurar ou manter esses serviços, é facultado ao empregador contratar trabalhadores para fazê-lo (art. 7º). Ou seja, a consequência da falta de acordo não acarreta a abusividade da greve, pois a Lei aponta a solução ao empregador. A lógica é de que esta medida, a contratação, pouco onerará a empresa, já que os grevistas não receberão salário pelos dias parados. É modalidade de substituição de mão de obra emergencial e transitória.

9.12. Interesse público e interesse empresarial. Para fins das necessidades inadiáveis do art. 11 (interesse público primário), a Lei determina que o Poder Público as assegure (art. 12), quando não prestadas pelos trabalhadores, o que demonstra o tratamento diferenciado em face do art. 9º, ora sob comento. Este artigo trata de interesse empresarial, portanto privado.

Neste sentido, julgando o RO 2011500-04.2010.5.02.000, o TST/SDC entendeu da seguinte maneira: *"certo é que os arts. 7º e 9º da Lei de Greve facultam a contratação dos serviços necessários a que se refere o art. 9º. Logo, não constitui motivo para que se considere autorizada a rescisão do contrato de trabalho dos empregados durante a greve cuja abusividade não se configurou"* (Rel. Marcio Eurico Vitral Amaro, DEJT 16.8.2013).

• **9.13. Contratação de trabalhadores substitutos:** Ver anotações ao art. 7º, desta Lei.

• **9.14. Servidores Públicos:** Por força do MI n. 712, STF (Min. Eros Grau, j. 12.4.2007), a redação deste dispositivo, especificamente para os servidores públicos, até que lei trate da matéria é a seguinte (observe a modificação dada pelo STF, ora grifada):

> *"**Art. 9º** Durante a greve, o sindicato ou comissão de negociação, mediante acordo com a entidade patronal ou diretamente com o empregador, manterá em atividade equipes de empregados com o propósito de assegurar **a regular continuidade da prestação do serviço público**.*
>
> ***Parágrafo Único.** É assegurado ao empregador, enquanto perdurar a greve, o direito de contratar diretamente os serviços necessários a que se refere este artigo."*

O julgado do STF consolida que o serviço público é essencial à população e, portanto, não pode ser suspenso integralmente. É preciso que os servidores garantam o funcionamento regular do serviço público. Quando o mesmo julgado possibilita à Administração contratar trabalhadores substitutos, para suprir a mão de obra grevista, deixa muitas perguntas no ar, como a forma de contratação (seria temporária, sem concurso?), qual o salário dos contratados (seria igual aos dos servidores em greve?), a nova despesa compõe os limites da Lei de Responsabilidade Fiscal?

• Jurisprudência:

• **9.31.** DISSÍDIO COLETIVO. GREVE. ABUSIVIDADE. ATIVIDADES NÃO ESSENCIAIS. SERVIÇOS INDISPENSÁVEIS. ART. 9º DA LEI DE GREVE. SALÁRIOS. DIAS DE PARALISAÇÃO. **1.** Em caso de greve em atividades não essenciais, somente mediante acordo com o sindicato patronal, ou diretamente com o empregador, o sindicato da categoria profissional é obrigado a manter os serviços inadiáveis cuja paralisação resulte em prejuízo irreparável, pela deterioração irreversível de bens, máquinas e equipamentos, bem como aqueles indispensáveis à retomada das atividades da empresa quando da cessação do movimento. A falta de consenso a respeito autoriza o empregador a contratar diretamente os serviços necessários à preservação de seu patrimônio enquanto perdurar a greve. Inteligência do art. 9º e parágrafo único da Lei n. 7.783/89. **2.** Incomprovado o acordo em tela e tampouco o acenado prejuízo decorrente de suposta paralisação de um forno de queima contínua, inviável tomar-se tal fato como determinante de declaração de abusividade de greve. **3.** Provocando a suspensão do contrato de trabalho (art. 7º da Lei n. 7.783/89), a participação em greve não autoriza o pagamento dos salários no período correspondente, segundo a jurisprudência da Seção de Dissídios Coletivos do TST, salvo na hipótese em que o Empregador, mediante conduta recriminável ou inerte, haja concorrido decisivamente para que houvesse a paralisação, como, por exemplo, no caso de atraso no pagamento de salário (Precedentes:TST-RODC-764.581/01.7, rel. Min. JOÃO ORESTE DALAZEN, DJU: 19.2.2002; TST-ED-RODC-82.277/93.5, rel. Min. ALMIR PAZZIANOTTO PINTO, DJU: 25.11.1994, p. 32389). **4.** Recurso ordinário interposto pela Empresa Suscitada a que se dá parcial provimento para autorizar o desconto do salário referente aos dias de paralisação (TST/SDC, RODC 44940-77.2001.5.15.0000, Min. João Oreste Dalazen, DJ 19.9.2003).

• **9.32. STF, tese de repercussão geral.** RE n. 658.026. "Nos termos do art. 37, IX, da Constituição Federal, para que se considere válida a contratação temporária de servidores públicos, é preciso que: a) os casos excepcionais estejam previstos em lei; b) o prazo de contratação seja predeterminado; c) a necessidade seja temporária; d) o interesse público seja excepcional; e) a contratação seja indispensável, sendo vedada para os serviços ordinários permanentes do Estado que estejam sob o espectro das contingências normais da Administração."

Art. 10. São considerados serviços ou atividades essenciais:

I – tratamento e abastecimento de água; produção e distribuição de energia elétrica, gás e combustíveis;

II – assistência médica e hospitalar;

III – distribuição e comercialização de medicamentos e alimentos;

IV – funerários;

V – transporte coletivo;

VI – captação e tratamento de esgoto e lixo;

VII – telecomunicações;

VIII – guarda, uso e controle de substâncias radioativas, equipamentos e materiais nucleares;

IX – processamento de dados ligados a serviços essenciais;

X – controle de tráfego aéreo;

XI – compensação bancária.

• Comentários:

10.11. Atividades essenciais. Taxatividade. A relação de atividades essenciais é taxativa, restringindo-se ao disposto na lei. Assim, não são essenciais, por exemplo: construção civil, educação, fabricação de automóveis, metalurgia, mineração, atividades agrícolas, serviços gráficos, atividades de hotelaria, bares, restaurantes, jardinagem, comércio em geral (ressalvados os casos do art. 10, ora comentado) etc.

Esta relação visa a proteger a população, considerando as peculiaridades e relevância destes interesses. Por isso, o legislador conferiu algumas peculiaridades para a deflagração de greve nos serviços essenciais, embora não tenha impedido que a paralisação ocorra. A opção feita pelo constituinte brasileiro não considerou em primeira mão o *interesse empresarial* para o sopesamento, mas sim o da *população*.

A disputa entre a empresa e seus trabalhadores deve ser resolvida entre eles próprios, cabendo ao Estado apenas controlar os excessos, os abusos. A leitura do art. 10 da Lei n. 7.783/89 evidencia que essas circunstâncias balizam as camadas do direito de greve, sem impedi-la.

Para o STF, o serviço público, de um modo geral, é atividade essencial (MI n. 712, Min. Eros Grau, j. 12.4.2007).

• Jurisprudência:

• **10.31. TST. Taxatividade do rol de atividades essenciais:** "Esta Seção Especializada, em mais de uma oportunidade, já decidiu que é taxativo o rol de serviços ou atividades essenciais descritos no art. 10 da Lei n. 7.783/89. Isso porque, como visto, a referida Lei de Greve é restritiva de direito fundamental assegurado no Texto Constitucional, não admitindo interpretação analógica ou extensiva, mas igualmente restritiva, conforme boa hermenêutica (Precedentes: RODC 1600300-98.2006.5.09.0909, Data de Julgamento: 9.8.2010, rel. Ministro: Fernando Eizo Ono, Seção Especializada em Dissídios Coletivos, Data de Publicação: DEJT 27.8.2010; RODC 2022400-85.2006.5.02.0000 Data de Julgamento: 13.12.2007, rel. Ministro Antônio José de Barros Levenhagen, Seção Especializada em Dissídios Coletivos, Data de Publicação: DJ 15.2.2008; RODC 54800-42.2008.5.12.0000, Data de Julgamento: 9.11.2009, rel. Ministro Mauricio Godinho Delgado, Seção Especializada em Dissídios Coletivos, Data de Publicação: DEJT 27.11.2009; RODC 20100-70.2006.5.17.0000, Data de Julgamento: 8.3.2010, relª. Ministra Dora Maria da Costa, Seção Especializada em Dissídios Coletivos, Data de Publicação: DEJT 19.3.2010). Entretanto, no art. 10 da Lei n. 7.783/89 não se define como essencial a atividade de vigilância, de transporte de valores, enfim, de segurança patrimonial privada, hipótese vertente. Outrossim, não é possível equiparar essas atividades a quaisquer daquelas descritas no referido artigo da Lei de Greve" (TST/SDC, RO 700-65.2009.5.17.0000, Min. Fernando Eizo Ono, j. 11.12.2012).

Art. 11. Nos serviços ou atividades essenciais, os sindicatos, os empregadores e os trabalhadores ficam obrigados, de comum acordo, a garantir, durante a greve, a prestação dos serviços indispensáveis ao atendimento das necessidades inadiáveis da comunidade.

Parágrafo único. São necessidades inadiáveis, da comunidade aquelas que, não atendidas, coloquem em perigo iminente a sobrevivência, a saúde ou a segurança da população.

• Comentários:

11.11. Atividades essenciais e inadiáveis. Os conceitos são distintos, ora resenhados: **essencial** é o fundamental, o de grande relevância, que compõe a essência do ser; diz-se essencial o imprescindível, o primordial, o crucial, o básico. Já **inadiável** trata-se do urgente, do impreterível, do improrrogável; que não pode ser postergado, que não suporta deixar para depois, sob risco de grave e irreparável (ou de difícil) reparação.

11.12. É possível deflagrar greve mesmo nas atividades **essenciais**, desde que os serviços **inadiáveis** sejam assegurados. Deste modo é que se permite greve em **hospitais**, atividade essencial estabelecida no inciso II do art. 10 da Lei de Greve; mas os serviços de *emergência* e *UTI*, por exemplo, precisam ser assegurados pelos trabalhadores, em face do risco à sobrevivência e à saúde da população. Cabe aos trabalhadores e empregadores negociarem sobre quais sejam as atividades de fato inadiáveis, partindo do que a Lei pré-estabelece, já que nem sempre a situação concreta é tão clara quanto no exemplo aqui utilizado da realidade hospitalar, e porque cada atividade possui suas peculiaridades que as partes conhecem melhor do que o legislador ou o próprio Judiciário.

11.13. Manutenção das atividades inadiáveis da comunidade. O legislador fez aquilatação, em tese, no art. 11, para esclarecer que as **atividades inadiáveis** da comunidade devem ser mantidas pelos grevistas. Deveras, o constituinte, aí, já fez a opção em abstrato no conflito entre direitos fundamentais, apesar de confiar às categorias que definam os exatos contornos da abrangência dessas atividades. No mais, não proibiu a paralisação, não se imiscuiu na vontade dos trabalhadores em escolherem o melhor momento para a paralisação nem o objeto perseguido, muito menos na forma de deflagração do movimento.

A Lei **não especifica qual será o percentual de trabalhadores nem do serviço a ser mantido durante a greve.** De fato, a proporção depende da natureza da atividade e do tipo de serviço. Pode ser que 30% do efetivo ordinário bastem para garantir as necessidades inadiáveis, em determinadas atividades ou empresas; noutras, 50% serão necessários; noutros, como nos transportes urbanos, pode exigir escalas de percentuais diferentes: 30% nos horários ordinários, e 60% nos horários de pico. Em atividades hospitalares, estes percentuais tendem a ser maiores, porque nelas muitos serviços são urgentes. Nas empresas que lidam com atividades recreativas, quase nada é urgente, além de que o art. 10 não as tipifica como essenciais. Se os trabalhadores e os empregadores não chegarem a consenso sobre os percentuais, o Judiciário poderá ser provocado para fixá-lo.

Têm legitimidade para solicitar esta fixação as partes envolvidas no conflito ou o MPT, tanto em ação cautelar quanto em sede de Dissídio Coletivo de Greve (DCG), independentemente de sua função de mediador nato dos conflitos sociais.

A Lei, no artigo ora anotado, antecipou-se para já estabelecer *in abstracto* o **mínimo existencial** da sociedade, na melhor doutrina de direitos fundamentais. Assim, esclareceu que os direitos indispensáveis (e urgentes) da sociedade são a sobrevivência (vida), a saúde e a segurança da população. Estão, portanto, acima do direito de greve, que é direito exercido por categoria e, destarte, não pode se sobrepor ao interesse maior, da sociedade (art. 8º, CLT).

A obrigação de manter os serviços indispensáveis ao atendimento das necessidades inadiáveis da comunidade não é só dos empregados. É de ambas as partes, sendo de responsabilidade mútua o "comum acordo" na manutenção desses serviços. Portanto, é preciso que, judicialmente, ao promover o Dissídio Coletivo ou outra ação, a empresa requerente demonstre os esforços que fez para, junto com os trabalhadores ou sua entidade representativa, fixarem as atividades mínimas que deverão ser asseguradas. Não é correto atribuir este ônus apenas aos sindicatos profissionais, quando a responsabilidade não é somente deles.

O emprego de expedientes como o *lock out*, quando prejudiquem ou inviabilizem os direitos sociais e/ou públicos, constitui ato antissindical, viola o direito de greve e ofende os interesses da sociedade. Sua utilização para impedir o funcionamento dos serviços inadiáveis se enquadra nessa ilegalidade.

- *Ver anotações ao art. 17.*

• Jurisprudência:

- **11.31. OJ n. 38, SDC/TST:** "É abusiva a greve que se realiza em setores que a lei define como sendo essenciais à comunidade, se não é assegurado o atendimento básico das necessidades inadiáveis dos usuários do serviço, na forma prevista na Lei n. 7.783/89".

> **Art. 12.** No caso de inobservância do disposto no artigo anterior, o Poder Público assegurará a prestação dos serviços indispensáveis.

• Comentários:

12.11. Asseguramento dos serviços indispensáveis pelo Poder Público. Há diversas formas de o Poder Público assegurar a prestação dos serviços indispensáveis, quer dizer, inadiáveis, que são os referentes à saúde, à vida e à segurança da sociedade.

Quando a questão for posta ao Judiciário, obviamente a medida proveniente será a judicial, a se admitir os atos próprios deste Poder. Então, ele determinará o retorno ao serviço de um percentual mínimo de trabalhadores para cobrir as tais necessidades inadiáveis, ante o interesse público subjacente. Ou seja, cabe ao Judiciário assegurar o interesse público, não o interesse empresarial, que é privado. Obviamente, em nome das garantias processuais constitucionais, liminares deste jaez devem ser precedidas de um mínimo de contraditório, a não ser que o Judiciário disponha de elementos de convencimento suficientes para a concessão de liminares em ações próprias, que tenham sido promovidas no Tribunal competente.

12.12. Demandas coletivas. Em regra, a ação típica para fazer valer este art. 12 é o **Dissídio Coletivo de Abusividade de Greve**, geralmente promovido pela empresa ou sindicato empresarial ou pelo Ministério Público, o qual defenderá apenas a matéria de ordem pública ou que possa pacificar o conflito, tendo em vista os interesses da sociedade, sem prejuízo de sua atividade como mediador. O Dissídio Coletivo e as ações a ele incidentais ou preparatórias são da alçada do Tribunal (local ou Superior), conforme já demonstrado nas anotações jurisprudenciais do art. 8º.

- *Ver art. 6º e suas anotações.*

Segundo dispõe o art. 114, CF, o **MPT** não pode promover dissídio coletivo em qualquer circunstância. De forma bastante restrita, a Constituição explicita:

"§ 3º Em caso de greve em atividade essencial, com possibilidade de lesão do interesse público, o Ministério Público do Trabalho poderá ajuizar dissídio coletivo, competindo à Justiça do Trabalho decidir o conflito."

Vale dizer: o MPT não pode promover dissídio coletivo em qualquer tipo de greve, mas somente *(a)* nas deflagradas em atividade essencial; e desde que *(b)* apresentem possibilidade de lesão ao interesse público. São requisitos cumulativos, o que denota que o MPT agirá em defesa da sociedade (interesse público primário), não propriamente dos interesses das partes, mesmo sendo estas públicas (interesse público meramente secundário).

Isto não impede, todavia, que o MPT possa ajuizar outros tipos de ação, como a Ação Civil Pública, no primeiro grau de jurisdição, quando houver necessidade de proteger os interesses por ele tuteláveis, em razão de conflitos coletivos, não tuteláveis por Dissídios Coletivos (arts. 83 e 84, LC 75/93). O dispositivo constitucional, acima transcrito, não retira os poderes do MPT, consagrados nos arts. 128 e 129, CF; simplesmente o impede de utilizar um tipo específico de ação, o DCG (Dissídio Coletivo de Greve), nas paralisações em atividades ordinárias (ex.: construção civil, educação, comunicação etc.).

- *Ver art. 8º e suas anotações.*

Excepcionalmente, em situações de urgência, utiliza-se a ação cautelar preparatória, com pedido de liminar, na qual se requer ao Tribunal que determine ao sindicato obreiro o cumprimento do art. 12 sob comento ou que a própria Corte já estabeleça o percentual de trabalhadores a ser mantido, sob cominações legais.

A latência ou concessão de algum provimento liminar *inaudita altera parte* não significa que o demandado não tenha o direito de se pronunciar a respeito. Pode ser que o demandado seja notificado para, em prazo exíguo fixado pelo Juiz, pronunciar-se emergencialmente sobre o pedido liminar do autor ou, a depender da urgência, emita pronunciamento após a concessão da tutela referida. Esta faculdade ainda não é o direito de defesa (contestação) a ser exercitado na ação, mas simples manifestação pontual.

- *Sobre os percentuais a ser mantidos, veja anotações ao art. 11, anterior.*

12.13. Tutela provisória (antecipação de tutela): A a*ntecipação da tutela* se dá nos próprios autos da ação de Dissídio Coletivo, enquanto a *cautelar* ocorre em autos distintos, embora vinculados à ação principal. Contudo, o magistrado poderá conceder medidas cautelares nos próprios autos da ação principal, em face do amplo poder de cautela e da fungibilidade processual. Sendo provisória, a tutela poderá ser revista, reformada ou modificada, de ofício ou a pedido dos interessados.

O Código de Processo Civil em vigor (Lei n. 13.105/2015, arts. 9º e 294) delineia duas formas de tutela provisória, a par da sentença judicial, natural a todo processo:

12.14. Tutela de urgência (art. 300, CPC): Esta modalidade de provimento judicial tem por essência a preservação de situações e prevenção de danos ou de certas consequências nefastas, em face da *urgência e periclitância*. O CPC reza que *"a tutela de urgência será concedida quando houver elementos que evidenciem a probabilidade do direito e o perigo de dano ou o risco ao resultado útil do processo"* (art. 300). Esta tutela pode ser incidental a uma ação em curso (ex.: Dissídio Coletivo) ou preparatória a ela, em ação cautelar (arts. 303 e 305).

O CPC clarifica os riscos e os efeitos da tutela de urgência:

"Art. 302. Independentemente da reparação por dano processual, a parte responde pelo prejuízo que a efetivação da tutela de urgência causar à parte adversa, se:

I – a sentença lhe for desfavorável;

II – obtida liminarmente a tutela em caráter antecedente, não fornecer os meios necessários para a citação do requerido no prazo de 5 (cinco) dias;

III – ocorrer a cessação da eficácia da medida em qualquer hipótese legal;

IV – o juiz acolher a alegação de decadência ou prescrição da pretensão do autor."

Este dispositivo aguarda que os advogados o explorem melhor nos dissídios coletivos, sobretudo para reverter em favor da categoria profissional as consequências da tutela concedida, quando equivocada, à entidade patronal. Se, por exemplo, o Dissídio de Greve promovido pela empresa ou sindicato patronal for, ao final, julgado improcedente, o provimento antecipatório ou cautelar perde os efeitos, surgindo o direito à reparação pelos prejuízos que houver causado ao sindicato profissional (art. 302-I). Eventualmente, o próprio Estado pode ser responsabilizado pelo provimento judicial equivocado, quando lesivo a direitos fundamentais, que, no caso, são coletivos, sindicais.

O mesmo se diga do art. 300, § 3º, CPC, segundo o qual a tutela de urgência *"não será concedida quando houver perigo de irreversibilidade dos efeitos da decisão"*. Cabe aos advogados sensibilizar o Judiciário sobre os riscos de irreversibilidade que determinados provimentos causam à greve, demonstrando suas consequências no cerceamento real do direito fundamental dos trabalhadores. Se o Judiciário determina liminarmente a ilegalidade da greve, p. ex., estará tornando irreversível todo o movimento, seu processo de reivindicação, desequilibrando as partes na negociação etc. Uma greve suspensa dificilmente se ergue novamente, até em razão da complexidade em se convocar outra vez a categoria, que encontrará maior dificuldade em ser convencida para se reunir sobre tema decidido judicialmente.

12.15. Tutela de evidência (art. 311): Trata-se de provimento judicial nas hipóteses de *certeza* do direito da parte autora. Independe do risco quanto ao resultado útil do processo e do perigo do dano. A urgência é secundária, sendo a questão principal a ser demonstrada a **certeza** do direito.

A prova, no pedido de tutela de evidência, há de ser cabal, manifesta, evidente. Como implica em reconhecimento antecipado do direito, o que é objeto próprio da sentença final, no Processo do Trabalho poderá ser concedida liminarmente, *inaudita altera parte*, quando *"as alegações de fato puderem ser comprovadas apenas documentalmente e houver tese firmada em julgamento de casos repetitivos ou em súmula vinculante"* (art. 311-II c/c parágrafo único, CPC). Nas demais hipóteses previstas no art. 311, CPC, o juiz colherá, previamente, a manifestação da parte contrária.

• Legislação:

• 12.21. CPC:

Art. 10. O juiz não pode decidir, em grau algum de jurisdição, com base em fundamento a respeito do qual não se tenha dado às partes oportunidade de se manifestar, ainda que se trate de matéria sobre a qual deva decidir de ofício.

Art. 294. A tutela provisória pode fundamentar-se em urgência ou evidência.

Parágrafo único. A tutela provisória de urgência, cautelar ou antecipada, pode ser concedida em caráter antecedente ou incidental.

Art. 295. A tutela provisória requerida em caráter incidental independe do pagamento de custas.

Art. 296. A tutela provisória conserva sua eficácia na pendência do processo, mas pode, a qualquer tempo, ser revogada ou modificada.

Parágrafo único. Salvo decisão judicial em contrário, a tutela provisória conservará a eficácia durante o período de suspensão do processo.

Art. 297. O juiz poderá determinar as medidas que considerar adequadas para efetivação da tutela provisória.

Parágrafo único. A efetivação da tutela provisória observará as normas referentes ao cumprimento provisório da sentença, no que couber.

Art. 298. Na decisão que conceder, negar, modificar ou revogar a tutela provisória, o juiz motivará seu convencimento de modo claro e preciso.

Art. 299. A tutela provisória será requerida ao juízo da causa e, quando antecedente, ao juízo competente para conhecer do pedido principal.

Parágrafo único. Ressalvada disposição especial, na ação de competência originária de tribunal e nos recursos a tutela provisória será requerida ao órgão jurisdicional competente para apreciar o mérito.

Tutela de urgência:

Art. 300. A tutela de urgência será concedida quando houver elementos que evidenciem a probabilidade do direito e o perigo de dano ou o risco ao resultado útil do processo.

§ 1º Para a concessão da tutela de urgência, o juiz pode, conforme o caso, exigir caução real ou fidejussória idônea para ressarcir os danos que a outra parte possa vir a sofrer, podendo a caução ser dispensada se a parte economicamente hipossuficiente não puder oferecê-la.

§ 2º A tutela de urgência pode ser concedida liminarmente ou após justificação prévia.

§ 3º A tutela de urgência de natureza antecipada não será concedida quando houver perigo de irreversibilidade dos efeitos da decisão.

Tutela de evidência:

Art. 311. A tutela da evidência será concedida, independentemente da demonstração de perigo de dano ou de risco ao resultado útil do processo, quando:

I – ficar caracterizado o abuso do direito de defesa ou o manifesto propósito protelatório da parte;

II – as alegações de fato puderem ser comprovadas apenas documentalmente e houver tese firmada em julgamento de casos repetitivos ou em súmula vinculante;

III – se tratar de pedido reipersecutório fundado em prova documental adequada do contrato de depósito, caso em que será decretada a ordem de entrega do objeto custodiado, sob cominação de multa;

IV – a petição inicial for instruída com prova documental suficiente dos fatos constitutivos do direito do autor, a que o réu não oponha prova capaz de gerar dúvida razoável.

Parágrafo único. Nas hipóteses dos incisos II e III, o juiz poderá decidir liminarmente.

• Jurisprudência:

• **12.31.** LIMINAR DEFERIDA EM AÇÃO CAUTELAR PREPARATÓRIA DO DISSÍDIO DE GREVE. MANUTENÇÃO DE 50% DA FORÇA DE TRABALHO NOS SERVIÇOS ESSENCIAIS. NÃO VIOLAÇÃO AO DIREITO DE GREVE. INTELIGÊNCIA DO ART. 10 E 11 DA Lei n. 7.783/1989. Não implica violação ao direito de greve, a decisão liminar, proferida em **ação cautelar preparatória de dissídio de greve, para manter pelo menos 50% da força de trabalho nos serviços essenciais**, pois estes se destinam a toda a sociedade, a qual será prejudicada com a paralisação deles. Nesse caso, como há uma colisão de direitos fundamentais, a d. autoridade julgadora deve ponderar os valores em jogo, de modo a limitar o exercício de um direito por uma minoria para resguardar o direito da maioria. Inteligência dos arts. 10 e 11, da Lei n. 7.783/1989 (TRT-22ª Reg., Pleno, 00370-2010-000-22-00-7, rel. Laércio Domiciano, DJT/PI 14.9.2010).

• **12.32.** RECURSO ORDINÁRIO INTERPOSTO PELO SINDICATO PROFISSIONAL. DISSÍDIO DE GREVE INSTAURADO PELO MINISTÉRIO PÚBLICO DO TRABALHO. TRANSPORTE COLETIVO. SERVIÇO ESSEN-CIAL. ORDEM JUDICIAL DE URGÊNCIA. DESCUMPRIMENTO DA ORDEM. ACORDO. APLICAÇÃO DA MULTA COMINADA. REDUÇÃO DO VALOR CONSIDERANDO TODAS AS EXIGÊNCIAS COMO ÚNICA OBRIGAÇÃO. 1. Afigura-se desarrazoada a decisão mediante a qual se determinou a manutenção de 100% (cem por cento) da frota de ônibus coletivo nos horários de pico, assim considerados aqueles compreendidos das 5h30min às 8h e das 17h30min às 20h, e 50% (cinquenta por cento) no horário das 11h30min às 14h, por linha de transporte, por negar ou comprometer o próprio direito ao exercício de greve. Não obstante, a postura do Sindicato de não impugnar a medida de urgência e simplesmente resistir ao seu cumprimento, por dela discordar, torna inequívoco o acerto da decisão mediante a qual se reconheceu pela hipótese de efetiva incidência da multa. 2. **O valor da multa originalmente fixado por dia de descumprimento de ordem deve ser considerado pela obrigação não cumprida**, levando-se em conta, para tanto, o conjunto das exigências voltadas para garantir a prestação dos serviços de transporte coletivo à comunida-de. O fim está na obrigação (assegurar frota de transporte coletivo à comunidade), razão por que parece demasiada a aplicação da multa para cada etapa acessória voltada à consecução daquele fim. Devida a redução do valor. Recurso Ordinário parcialmente provido. RECURSO OR-DINÁRIO INTERPOSTO PELOS SINDICATOS PATRONAIS. EXCLUSÃO DA MULTA. A ordem judicial, consubstanciada na manutenção de parte da frota de ônibus, embora possa envolver exigência que demande certa atitude do segmento patronal, tem no Sindicato profissional o seu efetivo destinatário. No caso concreto, além da conduta deliberada de não cumprimento da ordem judicial, não consta dos autos prova efetiva de que tenha a categoria patronal agido de forma reprovável ou, mais especificamente, tendente à realização de *lockout*. Ausente a responsabi-lidade pelo não cumprimento da medida de urgência, é indevida a multa cominada. Recurso Ordinário provido (TST/SDC, RO 4956920125120000 495-69.2012.5.12.0000, relª. Maria de Assis Calsing, DEJT 18.11.2013).

• **12.33.** DISSÍDIO DE GREVE. SERVIÇOS ESSENCIAIS. PARALISAÇÃO. OBRIGAÇÃO DE FAZER. LIMINAR. AÇÃO CAUTELAR. EXAURIMENTO. TUTELA ESPECÍFICA. Conceitualmente a ação cautelar tem propósito de garantir a efetividade do direito pleiteado no processo principal. Por esta razão o direito processual sempre se debateu com o caráter satisfativo inerente a determinados pedidos deduzidos em juízo. Esta característica foi considerada com a implantação dos institutos da antecipação da tutela (CPC, art. 273) e da tutela específica (CPC, art. 461). Ainda assim, não se conseguiu extirpar do mundo jurídico certas cautelas que se exaurem em si mesmas, esvaziando o direito demandado no processo principal. Inseridas neste tema, **as obrigações de fazer e não fazer trazem ínsitas um caráter emergencial que lhes é peculiar, sendo inerente a essas** obrigações um conteúdo de satisfatividade que se confunde com a própria tutela de mérito. Este o contexto a ser considerado para exame da liminar em ação cautelar com pedido de obrigação de fazer, no sentido da manutenção de percentual mínimo em atividade dos veículos responsáveis pelo transporte urbano de passageiros, por se tratar de atividade essencial à coletividade. Apesar do evidente caráter satisfativo da liminar e, por consequência, da própria ação cautelar, não parece aceitável que o juiz deixe de acautelar a pretensão deduzida em razão de ausência de uma instrumentação específica ou porque a pretensão irá concretizar o direito (satisfazer) e não garantir sua eficácia posterior à prolação de decisão meritória. Cabe-lhe, pois, utilizar-se de todos os meios processuais postos à sua disposição para obter o resultado almejado pela tutela pretendida, sem que isto implique em desrespeito ao rigor técnico do processo. Neste diapasão justifica-se a medida liminar em ação cautelar com supedâneo no art. 461 do CPC". (Juiz João Luís Rocha Sampaio Relator originário). CAUTELAR: LIMINAR DADA PELA RECALCITRÂNCIA DOS RÉUS RELATOR: USO IMPRÓPRIO DO PROCESSO PELOS RÉUS: LITIGÂNCIA DE MÁ-FÉ DECLARADA: MULTAS E INDENIZAÇÕES DEVIDAS EM GRAU MÁXIMO. Pedido cautelar julgado parcialmente procedente, com ratificação da liminar dada pelo Relator originário que determinou às categorias o fornecimento de transporte público em percentuais estabelecidos e que, desentendido com o uso inadequado do processo, em resistência injustificada à ordem judicial, enseja a declaração de litigância de má-fé por ambos os réus, apenados em grau máximo a teor do art. 18 e §§ do CPC (TRT-10ª Reg., 1ª Seç. Espec., AC 00231-2008-000-10-00-4, rel. João Luís Rocha Sampaio, publ. 25.6.2009).

• **12.34.** AGRAVO REGIMENTAL. MEDIDA CAUTELAR PREPARATÓRIA DE DISSÍDIO COLETIVO. GREVE. ATIVIDADE ESSENCIAL. TRANSPORTE COLETIVO. FIXAÇÃO DE PERCENTUAL MÍNIMO. Agravo admitido e rejeitado. É razoável a fixação de efetivo mínimo de trabalhadores do setor de transporte coletivo, considerado como atividade essencial, no percentual de 60% nos horários de pico e de 30% nos demais horários, para o cumprimento do disposto no art. 11 da Lei n. 7.783/89. Agravo admitido e rejeitado (TRT-23ª Reg., Pleno, AGMC 00128.2006.000.23.00-1, rel. João Carlos, publ. 22.6.2006).

> **Art. 13.** Na greve, em serviços ou atividades essenciais, ficam as entidades sindicais ou os trabalhadores, conforme o caso, obrigados a comunicar a decisão aos empregadores e aos usuários com antecedência mínima de 72 (setenta e duas) horas da paralisação.

• Comentários:

• **13.11. Comunicação prévia da greve.** Mais uma vez a Lei dá abertura à constituição de Comissão de trabalhadores para tratar da operacionalização da greve e da negociação coletiva, conforme anotamos no art. 4º, § 2º.

A comunicação necessária é ao empregador ou sua entidade sindical, conforme se trate conflito envolvendo a empresa ou toda a categoria empresarial. É preciso, também, que haja comunicação à população usuária dos serviços que serão paralisados. A forma mais comum e eficaz de informar a população sobre a paralisação é a publicação de edital em jornal de grande circulação.

• *Sobre prazo e sua contagem, ver anotações ao art. 3º, desta Lei.*

• Jurisprudência:

• **13.31.** RECURSO ORDINÁRIO. DISSÍDIO COLETIVO DE GREVE. ATIVIDADE ESSENCIAL. AUSÊNCIA DE AUTORIZAÇÃO DOS TRABALHADORES E DE COMUNICAÇÃO PRÉVIA. DESCUMPRIMENTO DE

ORDEM JUDICIAL. ABUSIVIDADE DA GREVE CONFIGURADA. A greve se mostra abusiva por três fundamentos: (i) ausência de autorização dos trabalhadores para sua deflagração, pois o Suscitado não demonstrou a aprovação da greve pela categoria e não trouxe aos autos a ata da assembleia e a lista de presença respectiva, o que viola o art. 4º da Lei n. 7.783/1989; (ii) ausência de comunicação prévia aos Suscitantes e aos usuários do serviço essencial de limpeza urbana com antecedência mínima de 72 (setenta e duas) horas da paralisação, violando o art. 13 da mencionada lei; e (iii) descumprimento de ordem judicial que determinava a manutenção de uma quantidade mínima de trabalhadores nos postos de trabalho, nos termos do art. 11 da Lei n. 7.783/1989, o que impõe a manutenção do acórdão regional, que declarou a abusividade da greve. Precedentes da C. SDC (TST/SDC, RO 104-71.2015.5.17.0000, Minª. Maria Cristina Irigoyen Peduzzi, j. 14.3.2016).

Art. 14. Constitui abuso do direito de greve a inobservância das normas contidas na presente Lei, bem como a manutenção da paralisação após a celebração de acordo, convenção ou decisão da Justiça do Trabalho. *(STF adapta esta redação ao servidor público)*

Parágrafo único. Na vigência de acordo, convenção ou sentença normativa não constitui abuso do exercício do direito de greve a paralisação que:

I – tenha por objetivo exigir o cumprimento de cláusula ou condição;

II – seja motivada pela superveniência de fato novo ou acontecimento imprevisto que modifique substancialmente a relação de trabalho.

• Comentários:

14.11. Greve ilegal ou abusiva. *Ver anotações ao art. 2º; ver notas 2.15 e 2.17.*

Embora a nomenclatura ainda surta discrepâncias, entendia-se por greve ilegal a deflagrada sem observância dos procedimentos apropriados. E greve abusiva seria aquela em que os trabalhadores e/ou a entidade sindical ultrapassem dos limites deste direito fundamental para prejudicar outrem. Neste raciocínio, a violência qualificaria o abuso; a falta de notificação às empresas caracterizaria a ilegalidade. A prática jurisprudencial e a doutrina recentes, no entanto, superaram esta sutil distinção, preferindo denominar simplesmente de "greve abusiva" no caso de haver qualquer violação à Lei de Greve ou constatar excesso no seu exercício, com fundamento no *caput* do art. 14, supra.

Os abusos ou equívocos cometidos por alguns grevistas não apenas acarretam responsabilidade para si próprios, mas também podem, na prática, comprometer todo o movimento reivindicatório, atraindo sua ilegalidade, a depender da natureza e da dimensão da ação. A unidade de consciência do movimento também se reflete nisso, no conhecimento de que os atos individuais podem ter reflexos coletivos. A ação coletiva dos grupos deve ser coesa e madura.

• Ver art. 2º e suas anotações, sobre decretação de abusividade de greve.

14.12. Servidores Públicos. Por força do MI 712, STF (Min. Eros Grau, j. 12.04.2007), a redação deste dispositivo, especificamente para os servidores públicos, até que lei trate da matéria é a seguinte (observe a modificação dada pelo STF, ora grifada):

> **"Art. 14.** Constitui abuso do direito de greve a inobservância das normas contidas na presente Lei, <u>em especial o comprometimento da regular continuidade do serviço público</u>, bem como a manutenção da paralisação após a celebração de acordo, convenção ou decisão da Justiça do Trabalho".

Estranhamente, o STF pretende que a greve não comprometa o funcionamento regular de continuidade do serviço público. Ora, o propósito da greve é, justamente, causar transtorno à atividade. O que não pode, no âmbito do serviço público, é comprometer sua prestação integralmente. Mas, o comprometimento parcial é natural ao direito de greve. Ou seja, o serviço público é contínuo, não pode ser suspenso em sua totalidade, mas é possível, sim, que seja oferecido apenas em parte pelos grevistas.

• Jurisprudência:

> • **14.31. TST/SDC, RODC 1062973.2013.5030000:** "RECURSO ORDINÁRIO. DISSÍDIO COLETIVO DE GREVE. CELEBRAÇÃO DE ACORDO COLETIVO DE TRABALHO. INTERESSE DA EMPRESA NO PROSSEGUIMENTO DO FEITO. APELO PROVIDO PARA AFASTAR A EXTINÇÃO DO PROCESSO, SEM RESOLUÇÃO DE MÉRITO. POSSIBILIDADE DE JULGAMENTO IMEDIATO DA LIDE. NÃO OBSERVÂNCIA DOS ASPECTOS FORMAIS. GREVE CONSIDERADA ABUSIVA 1. Conquanto celebrado acordo coletivo de trabalho no curso do processo, remanesce íntegro o interesse jurídico da Suscitante em obter a declaração de abusividade da greve. Somente pela via judicial poderá a Empresa alcançar tal provimento e os consectários que podem advir do eventual provimento quanto à declaração de abusividade do movimento. 2. A despeito de a causa não versar sobre questão exclusivamente de direito, há fato incontroverso que aponta para a mesma direção e que atrai a incidência do art. 515, § 3º, do CPC. 3. A não observância de aspectos formais, que envolvem o exercício do direito de greve, constitui fato alegado na representação e confessado pelo próprio Sindicato profissional, na contestação e audiência. Inexistência de fato grave que possa afastar o efetivo cumprimento da Lei de Greve. Recurso Ordinário a que se dá provimento" (Minª. Maria de Assis Calsing, DEJT 20.3.2015).

> **Art. 15.** A responsabilidade pelos atos praticados, ilícitos ou crimes cometidos, no curso da greve, será apurada, conforme o caso, segundo a legislação trabalhista, civil ou penal.
>
> **Parágrafo único.** Deverá o Ministério Público, de ofício, requisitar a abertura do competente inquérito e oferecer denúncia quando houver indício da prática de delito.

• Comentários:

15.11. Responsabilização por abusos cometidos na greve. Os abusos cometidos no exercício da greve ensejam responsabilidade cível, trabalhista e penal. A competência da Justiça do Trabalho, por força do art. 114, CF, restringe-se à matéria trabalhista e, no caso de greve, às reparações mesmo de ordem cível. Considerando a responsabilidade penal dos infratores e a distribuição das regras de competência do Judiciário brasileiro, a Justiça do Trabalho não possui competência para processar as ações criminais. Também, o MPT não possui atribuição criminal, considerando que sua atuação é vinculada à Justiça do Trabalho (art. 83, LC n. 75/93).

Assim, a competência para processar causas envolvendo greve, desde que não haja interesse direto de entidade federal, será da Justiça Comum Estadual, perante a qual atua o Ministério Público estadual. Logo, eventual inquérito penal será conduzido pela Polícia Civil do local da paralisação; a ação penal será de incumbência do MPE; e o processamento e julgamento da ação penal serão da competência primária da Justiça Comum estadual, de primeiro grau.

No campo penal, ainda, a competência será da Justiça Federal, se houver interesse da União Federal ou de entidade federal (art. 109, I, CF) ou se o crime se qualificar como "**crime contra a organização do trabalho**" (art. 109, VI, CF). Havendo crime cometido em detrimento de direitos humanos firmados em tratados internacionais ratificados pelo Brasil, a competência poderá passar à Justiça Federal, mesmo quando a competência originária for da Justiça estadual (art. 109, V-A e seu § 5º, CF). Será competente a Justiça comum estadual nos demais casos. Sendo crime da competência da Justiça Federal, incumbe ao Ministério Público Federal promover a ação penal. O inquérito de apuração da conduta ilícita correrá na Polícia Federal do local do fato punível.

Todavia, as indenizações civis são da alçada da Justiça obreira, tanto de ordem material quanto imaterial ou moral (p. ex.: danos ao patrimônio da empresa, invasão à propriedade empresarial, danos morais, ressarcimento pelos danos em decorrência da conduta antissindical etc.). Estas ações, sendo autônomas em relação ao dissídio de greve propriamente dito, correm no primeiro grau de jurisdição. Se estes temas forem tratados incidentalmente ao dissídio, é possível que o tribunal aborde alguns de seus aspectos, como o reconhecimento de que houve, de fato, violação à propriedade empresarial, o que ocorre em certos casos nos quais se aprecia a abusividade ou não da greve (art. 14, c/c art. 6º, § 3º, desta Lei n. 7.783/89).

A Súmula 316-STF reza que *"a simples adesão a greve não constitui falta grave"*. Ou seja, para configurar a falta funcional do trabalhador, é preciso que sua participação na greve seja de forma ativa e que a paralisação seja declarada ilegal ou abusiva. Dá a entender que a falta apta a justificar a rescisão contratual, na greve, é a "falta grave" (art. 493, CLT) e não a mera "justa causa" (art. 482, CLT).

• *No referente à justa causa e falta grave, ver anotação 7.12. Servidor público: 7.15.*

15.12. Crimes contra a organização do trabalho e crimes de greve. O Código Penal brasileiro, nos arts. 197 a 207, tipifica várias condutas como crimes contra a organização do trabalho, praticados por empregados, empregadores ou, eventualmente, por terceiros. Encontram-se em tais dispositivos os atos atentatórios à liberdade de trabalho (art. 197-I), o *lockout* (art. 197-II), violação à liberdade de filiação e de desfiliação sindical (art. 199), paralisação de trabalho com violência ou perturbação da ordem (art. 200), paralisação de trabalho em serviço de interesse coletivo (art. 201), sabotagem e invasão a estabelecimento comercial, industrial ou agrícola (art. 202), frustração a direito trabalhista (art. 203) e aliciamento de trabalhadores para fins de emigração ou de um local para outro do território nacional (arts. 206 e 207).

As disposições que, simplesmente, inibem o direito de greve se encontram sem validade constitucional, pois a CF/88 mudou o quadro jurídico anterior, quando a paralisação coletiva era considerada crime. É o caso do art. 201, Cód. Penal, que tipifica como crime *"participar de suspensão ou abandono coletivo de trabalho, provocando a interrupção de obra pública ou serviço de interesse coletivo".* Pela nova ordem legal (arts. 10 e 11, Lei n. 7.783/89, e CF, art. 9º), mesmo as atividades essenciais podem ser suspensas, nisto residindo a essência da greve (paralisação coletiva do trabalho). Até a atividade estatal é passível de paralisação coletiva (greve de servidores, art. 37-VII, CF). Logo, o dispositivo do Código Penal tornou-se incompatível com a natureza de **direito fundamental** que a Constituição de 1988 deu à greve. A disposição penal ainda contém a redação de quando a greve era considerada crime. Aqui, insta observar o avanço no tratamento jurídico da greve, no Brasil (momentos de proibição, de tolerância e de reconhecimento como direito):

(a) mesmo pacífica, a greve era proibida pelo Código Penal de 1890, havendo a derrogação, posteriormente, pelo Decreto n. 1.162, de 12.12.1890;

(b) A Lei de Segurança Nacional da época (Lei n. 38/1935) tipificou a greve como delito. A Constituição de 1937 dispôs que "(...) A greve e o *lockout* são declarados recursos anti-sociais nocivos ao trabalhador e ao capital e incompatíveis com os superiores interesses da produção nacional". O Decreto n. 1.237/1939, que instituiu a Justiça do Trabalho, tornou puníveis os trabalhadores que participassem de greve, podendo consistir em suspensão disciplinar, despedida ou prisão. A CLT, datada de 1943, também não foi complacente, estabelecendo sanções aos grevistas, inclusive perda de mandato sindical, cujos direitos podiam ficar suspensos por até 05 anos. Porém, em situações excepcionais e mantido o caráter pacífico do movimento, os tribunais do trabalho podiam autorizar a greve, o que era raro;

(c) Seguindo tal ambiência constitucional, o Cód. Penal de 1940, ainda em vigor, deu tratamento criminal à paralisação coletiva (arts. 200 e 201). Em virtude da assinatura do Ato de Chapultec (1945), a greve foi admitida em atividades acessórias pelo Decreto n. 9.070/1946;

(d) Chegando a CF/46, a greve foi reconhecida como *direito* trabalhista, remetendo sua disciplina à legislação infraconstitucional. Chegada a Revolução de 1964, foi editada a Lei n. 4.330/64, também conhecida como "Lei antigreve", que restringia o reportado direito e previa sanções aos infratores. Com a Constituição de 1967, admitiu-se a greve, salvo nos serviços públicos e atividades essenciais, quadro restringido pela Emenda Constitucional n. 01/69 e parcialmente resgatado pelo Decreto-lei n. 1.632/78. Já a Lei n. 6.620/78 (Lei de Segurança Nacional) punia o incitamento à paralisação coletiva de serviços públicos e à cessação coletiva de trabalho pelos funcionários públicos.

(e) Atualmente, a CF/88 estabeleceu a greve como direito fundamental. E, sendo assim, seu exercício não pode ser tipificado como ilícito penal, até porque a Lei ordinária (Lei n. 7.783/89) regula seus requisitos, seu exercício e as consequências pelo não atendimento às formalidades necessárias à sua deflagração.

• **Fonte histórica:** TAVARES, *Thales Emmanuel F. Greve: um direito no Brasil. Disponível em: <http://www.arcos.org.br/artigos/greve-um-direito-no-brasil/>. Acesso em: 23 nov. 2017.*

Ao anotar o art. 201, Cód. Penal, Celso Delmanto escreve: "Em face da CR, entendemos que o art. 201 do CP tornou-se inaplicável. O art. 9º, *caput*, da CR garante o direito de greve de forma ampla (...). A Lei de Greve, além de não conter qualquer disposição penal, em seu art. 13 expressamente admite a 'greve em serviços ou atividades essenciais', prevendo que, nesta hipótese, 'ficam as entidades sindicais ou os trabalhadores, conforme o caso, obrigados a comunicar a decisão aos empregadores e aos usuários com antecedência mínima de setenta duas horas da paralisação'. Ora, como o Direito não admite contradição lógica, (...), não teria sentido que a Lei de Greve admitisse a paralisação em serviços ou atividades essenciais, somente exigindo comunicação prévia aos empregadores e usuários, e o art. 201 do CP continuasse a punir tal conduta. Assim, a greve pacífica, mesmo em serviços ou atividades essenciais, é, hoje, a nosso ver, penalmente atípica" (DELMANTO, Celso e outros. *Código Penal Comentado*. Rio de Janeiro: Renovar, 2007. p. 571-572, anotações ao art. 201, CP).

• Legislação:

• 15.21. Constituição Federal:

Art. 109: "§ 5º Nas hipóteses de grave violação de direitos humanos, o Procurador-Geral da República, com a finalidade de assegurar o cumprimento de obrigações decorrentes de tratados internacionais de direitos humanos dos quais o Brasil seja parte, poderá suscitar, perante o Superior Tribunal de Justiça, em qualquer fase do inquérito ou processo, incidente de deslocamento de competência para a Justiça Federal."

• 15.22. Código Penal:

"**Dano:** Art. 163. Destruir, inutilizar ou deteriorar coisa alheia: Pena, detenção, de um a seis meses, ou multa.

Dano qualificado: Parágrafo único. Se o crime é cometido: I – com violência à pessoa ou grave ameaça; II – com emprego de substância inflamável ou explosiva, se o fato não constitui crime mais grave; III – contra o patrimônio da União, Estado, Município, empresa concessionária de serviços públicos ou sociedade de economia mista; IV – por motivo egoístico ou com prejuízo considerável para a vítima: Pena, detenção, de seis meses a três anos, e multa, além da pena correspondente à violência."

15.23. Código Penal (crime contra a organização do trabalho):

"Atentado contra a liberdade de trabalho:

Art. 197. Constranger alguém, mediante violência ou grave ameaça:

I – a exercer ou não exercer arte, ofício, profissão ou indústria, ou a trabalhar ou não trabalhar durante certo período ou em determinados dias:

Pena – detenção, de um mês a um ano, e multa, além da pena correspondente à violência;

II – a abrir ou fechar o seu estabelecimento de trabalho, ou a participar de parede ou paralisação de atividade econômica:

Pena: detenção, de três meses a um ano, e multa, além da pena correspondente à violência."

"Atentado contra a liberdade de associação:

Art. 199. Constranger alguém, mediante violência ou grave ameaça, a participar ou deixar de participar de determinado sindicato ou associação profissional:

Pena: detenção, de um mês a um ano, e multa, além da pena correspondente à violência."

"Paralisação de trabalho, seguida de violência ou perturbação da ordem."

Art. 200. Participar de suspensão ou abandono coletivo de trabalho, praticando violência contra pessoa ou contra coisa:

Pena – detenção, de um mês a um ano, e multa, além da pena correspondente à violência.

Parágrafo único. Para que se considere coletivo o abandono de trabalho é indispensável o concurso de, pelo menos, três empregados."

"Paralisação de trabalho de interesse coletivo:

Art. 201. Participar de suspensão ou abandono coletivo de trabalho, provocando a interrupção de obra pública ou serviço de interesse coletivo:

Pena: detenção, de seis meses a dois anos, e multa."

"Invasão de estabelecimento industrial, comercial ou agrícola. Sabotagem

Art. 202. Invadir ou ocupar estabelecimento industrial, comercial ou agrícola, com o intuito de impedir ou embaraçar o curso normal do trabalho, ou com o mesmo fim danificar o estabelecimento ou as coisas nele existentes ou delas dispor:

Pena: reclusão, de um a três anos, e multa."

• Jurisprudência:

15.31. STF, RE n. 599943: "Recurso Extraordinário. Constitucional e Processual Penal. Art. 109, inciso VI, da Constituição da República. Delitos de greve e crimes contra a Organização do Trabalho (arts. 197 a 207 do Código Penal) que causem prejuízo à ordem pública, econômica ou social e ao trabalho coletivo: competência da Justiça Federal. Julgado recorrido em harmonia com a jurisprudência do Supremo Tribunal Federal. Recurso ao qual se nega seguimento" (Min². Cármen Lúcia, j. 8.6.2010).

15.32. *CONSTITUCIONAL. PENAL. Mesmo após o advento da Constituição de 1988, compete à Justiça Federal de primeira instância processar e julgar os delitos 'decorrentes de greve', que são crimes contra a organização do trabalho, com reflexos na ordem pública. Conflito conhecido para declarar a competência do magistrado federal suscitante* (STF/Pleno, CJ 6.860, rel. Min. Célio Borja, DJ 28.4.1989). Do voto do Relator, extrai-se:

"Se a opinião que veio a prevalecer no Supremo Tribunal foi a de que nem todos os delitos capitulados no estatuto repressivo sob o título 'dos crimes contra a organização do trabalho' seriam da competência da Justiça Federal, aqueles decorrentes de greve — até porque expresso, no particular, o texto constitucional revogado — sem dúvida caberiam à Justiça da União.

Ocorre que a Constituição promulgada em 5 de outubro de 1988, ao cuidar da competência da Justiça Federal de 1ª instância, não reproduziu a expressão 'ou decorrentes de greve', limitando-se a se referir aos crimes contra a organização do trabalho.

Não se me afigura lógico deduzir que, com a supressão efetuada, haja a Constituição em vigor arrebatado da Justiça Federal todos os delitos decorrentes de greve — os quais, por definição, afetam direitos e deveres dos trabalhadores considerados coletivamente — deixando a cargo dessa justiça outros delitos contra a organização do trabalho com, no mínimo, o mesmo 'interesse de ordem geral', segundo o alcance que à expressão conferiu o Supremo Tribunal Federal ao apreciar o RE n. 90.042-SP. Antes pelo contrário.

Na hipótese em tela, descreve a denúncia conduta que reflete 'na defesa da ordem pública ou do trabalho coletivo', para repetir o conceito utilizado no aludido precedente.

Veja-se, diferentemente que nos dois outros casos trazidos à discussão — deixar o empregador, fraudulentamente, de pagar o salário-mínimo a um determinado empregado (RE n. 90.042) e invadir o particular a fazenda de outro, lá permanecendo e apoderando-se do rebanho de gado e causando danos ao imóvel (HC n. 62.896) — quando estavam em jogo interesses individuais, discutem-se aqui atitudes de trabalhadores envolvidos em movimento paredista e, pois, a própria liberdade de trabalho, com claros reflexos na ordem pública" (grifos nossos).

- **15.32. Comitê de Liberdade Sindical, da OIT (Recopilação 2006):**

"671. As autoridades não deveriam recorrer a medidas de detenção e encarceramento em casos de organização ou participação em uma greve pacífica e tais medidas comportam graves riscos de abuso e sérias ameaças à liberdade sindical".

672. Ninguém deve ser privado de liberdade, nem ser objeto de sanções penais pelo mero fato de organizar ou haver participado em uma greve pacífica".

- **15.33. STJ, JSTJ e TRF 5/32:** Em face da CR, que consagrou o direito de greve de forma ampla, o dispositivo do art. 201 do CP não está a merecer aplicação. Apenas os abusos no exercício do direito sujeitam-se a sanções (art. 9º, § 2º, da nova Carta).

Art. 16. Para os fins previstos no art. 37, inciso VII, da Constituição, lei complementar definirá os termos e os limites em que o direito de greve poderá ser exercido.

• Comentários:

16.11. A presente Lei n. 7.783/89 regula a greve apenas no setor privado, isto é, às relações entre empregados e empregadores da iniciativa privada. Todavia, o STF (Supremo Tribunal Federal), ao julgar os Mandados de Injunção n. 670, 708 e 712 (votos confirmados em out/2007), definiu que esta lei seria aplicável ao **setor público**, com determinadas adequações, que a própria Corte cuidou de realizar, até que o legislador regulamente a matéria. A regulação dada pelo STF é para a administração **direta**. As paraestatais se submetem naturalmente pela Lei n. 7.783/89, porque seus empregados se regem pelo regime próprio das empresas privadas (art. 173, § 1º, II, CF). As referidas decisões não explicam a situação das empresas públicas que desempenham atividade tipicamente estatal, as quais são submetidas, por exemplo, a regime de precatório. O TST, no entanto, vem lhes dando o mesmo tratamento das demais paraestatais, no pertinente ao direito de greve de seus empregados.

Ao definir a aplicação da presente lei aos **servidores públicos** (celetistas e estatutários), as modificações que resultaram de sua adaptação fragilizaram o direito de greve no serviço público, porque:

a) Permitiram os descontos salariais na paralisação;

b) Autorizaram a contratação de servidores temporários;

c) Exigiram que seja mantido o regular funcionamento do serviço público;

d) Permitiram a rescisão contratual dos grevistas, se não for assegurado o funcionamento do serviço público.

Os artigos modificados ou adaptados pelo STF foram:

— Art. 3º e seu parágrafo único;

— Art. 4º;

— Art. 7º, no parágrafo único;

— Art. 9º e seu parágrafo único.

As adaptações feitas pela Suprema Corte restringem o direito de greve dos servidores e atribuem aos Tribunais comuns o julgamento das paralisações dos servidores **estatutários**, mantendo na Justiça do Trabalho a competência para as greves dos servidores **celetistas**.

- *Vejam-se as anotações nos respectivos artigos, desta obra.*

- *Ver anotações aos arts. 1º e 2º, sobre competência para o processamento e o julgamento de greve de servidores públicos.*

• Jurisprudência:

• 16.31. STF/Pleno, MI 708-DF, Min. Gilmar Mendes, j. 25.10.2007, publicado no DJe n. 206, de 31.10.2008:

EMENTA: MANDADO DE INJUNÇÃO. GARANTIA FUNDAMENTAL (CF, ART. 5º, INCISO LXXI). DIREITO DE GREVE DOS SERVIDORES PÚBLICOS CIVIS (CF, ART. 37, INCISO VII). EVOLUÇÃO DO TEMA NA JURISPRUDÊNCIA DO SUPREMO TRIBUNAL FEDERAL (STF). DEFINIÇÃO DOS PARÂMETROS DE COMPETÊNCIA CONSTITUCIONAL PARA APRECIAÇÃO NO ÂMBITO DA JUSTIÇA FEDERAL E DA JUSTIÇA ESTADUAL ATÉ A EDIÇÃO DA LEGISLAÇÃO ESPECÍFICA PERTINENTE, NOS TERMOS DO ART. 37, VII, DA CF. EM OBSERVÂNCIA AOS DITAMES DA SEGURANÇA JURÍDICA E À EVOLUÇÃO JURISPRUDENCIAL NA INTERPRETAÇÃO DA OMISSÃO LEGISLATIVA SOBRE O DIREITO DE GREVE DOS SERVIDORES PÚBLICOS CIVIS, FIXAÇÃO DO PRAZO DE 60 (SESSENTA) DIAS PARA QUE O CONGRESSO NACIONAL LEGISLE SOBRE A MATÉRIA. MANDADO DE INJUNÇÃO DEFERIDO PARA DETERMINAR A APLICAÇÃO DAS LEIS N. 7.701//1988 E 7.783/1989.

1. SINAIS DE EVOLUÇÃO DA GARANTIA FUNDAMENTAL DO MANDADO DE INJUNÇÃO NA JURISPRUDÊNCIA DO SUPREMO TRIBUNAL FEDERAL (STF). 1.1. No julgamento do MI n. 107/DF, Rel. Min. Moreira Alves, DJ 21.9.1990, o Plenário do STF consolidou entendimento que conferiu ao mandado de injunção os elementos operacionais: seguintes i) os direitos constitucionalmente garantidos por meio de mandado de injunção apresentam-se como direitos à expedição de um ato normativo, os quais, via de regra, não poderiam ser diretamente satisfeitos por meio de provimento jurisdicional do STF; ii) a decisão judicial que declara a existência de uma omissão inconstitucional constata, igualmente, a mora do órgão ou poder legiferante, insta-o a editar a norma requerida; iii) a omissão inconstitucional tanto pode referir-se a uma omissão total do legislador quanto a uma omissão parcial; iv) a decisão proferida em sede do controle abstrato de normas acerca da existência, ou não, de omissão é dotada de eficácia erga omnes, e não apresenta diferença significativa em relação a atos decisórios proferidos no contexto de mandado de injunção; iv) o STF possui competência constitucional para, na ação de mandado de injunção, determinar a suspensão de processos administrativos ou judiciais, com o intuito de assegurar ao interessado a possibilidade de ser contemplado por norma mais benéfica, ou que lhe assegure o direito constitucional invocado; v) por fim, esse plexo de poderes institucionais legitima que o STF determine a edição de outras medidas que garantam a posição do impetrante até a oportuna expedição de normas pelo legislador. 1.2. Apesar dos avanços proporcionados por essa construção jurisprudencial inicial, o STF flexibilizou a interpretação constitucional primeiramente fixada para conferir uma compreensão mais abrangente à garantia fundamental do mandado de injunção. A partir de uma série de precedentes, o Tribunal passou a admitir soluções "normativas" para a decisão judicial como alternativa legítima de tornar a proteção judicial efetiva (CF, art. 5º, XXXV). Precedentes: MI n. 283, rel. Min. Sepúlveda Pertence, DJ 14.11.1991; MI n. 232/RJ, rel. Min. Moreira Alves, DJ 27.3.1992; MI n. 284, rel. Min. Março Aurélio, red. para o acórdão Min. Celso de Mello, DJ 26.6.1992; MI n. 543/DF, rel. Min. Octavio Gallotti, DJ 24.5.2002; MI n. 679/DF, rel. Min. Celso de Mello, DJ 17.12.2002; e MI n. 562/DF, Relª. Min. Ellen Gracie, DJ 20.6.2003.

2. O MANDADO DE INJUNÇÃO E O DIREITO DE GREVE DOS SERVIDORES PÚBLICOS CIVIS NA JURIS-PRUDÊNCIA DO STF. 2.1. O tema da existência, ou não, de omissão legislativa quanto à definição das possibilidades, condições e limites para o exercício do direito de greve por servidores públicos civis já foi, por diversas vezes, apreciado pelo STF. Em todas as oportunidades, esta Corte firmou o entendimento de que o objeto do mandado de injunção cingir-se-ia à declaração da existência, ou não, de mora legislativa para a edição de norma regulamentadora específica. Precedentes: MI n. 20/DF, rel. Min. Celso de Mello, DJ 22.11.1996; MI n. 585/TO, rel. Min. Ilmar Galvão, DJ 2.8.2002; e MI n. 485/MT, rel. Min. Maurício Corrêa, DJ 23.8.2002. 2.2. Em alguns precedentes, aventou-se a possibilidade de aplicação aos servidores públicos civis (em especial, no voto do Min. Carlos Velloso, proferido no julgamento do MI n. 631/MS, rel. Min. Ilmar Galvão, DJ 2.8.2002) da lei que disciplina os movimentos grevistas no âmbito do setor privado.

3. DIREITO DE GREVE DOS SERVIDORES PÚBLICOS CIVIS. HIPÓTESE DE OMISSÃO LEGISLATIVA INCONSTITUCIONAL. MORA JUDICIAL, POR DIVERSAS VEZES, DECLARADA PELO PLENÁRIO DO STF. RISCOS DE CONSOLIDAÇÃO DE TÍPICA OMISSÃO JUDICIAL QUANTO À MATÉRIA. A EXPERI-ÊNCIA DO DIREITO COMPARADO. LEGITIMIDADE DE ADOÇÃO DE ALTERNATIVAS NORMATIVAS E INSTITUCIONAIS DE SUPERAÇÃO DA SITUAÇÃO DE OMISSÃO. 3.1. A permanência da situação de não regulamentação do direito de greve dos servidores públicos civis contribui para a ampliação da regularidade das instituições de um Estado democrático de Direito (CF, art. 1º). Além de o tema envolver uma série de questões estratégicas e orçamentárias diretamente relacionadas aos serviços públicos, a ausência de parâmetros jurídicos de controle dos abusos cometidos na deflagração desse tipo específico de movimento grevista tem favorecido que o legítimo exer-cício de direitos constitucionais seja afastado por uma verdadeira "lei da selva". 3.2. Apesar das modificações implementadas pela Emenda Constitucional no 19/1998 quanto à modificação da reserva legal de lei complementar para a de lei ordinária específica (CF, art. 37, VII), observa-se que o direito de greve dos servidores públicos civis continua sem receber tratamento legislativo minimamente satisfatório para garantir o exercício dessa prerrogativa em consonância com imperativos constitucionais. 3.3. Tendo em vista as imperiosas balizas jurídico-políticas que de-mandam a concretização do direito de greve a todos os trabalhadores, o STF não pode se abster de reconhecer que, assim como o controle judicial deve incidir sobre a atividade do legislador, é possível que a Corte Constitucional atue também nos casos de inatividade ou omissão do Legislativo. 3.4. A mora legislativa em questão já foi, por diversas vezes, declarada na ordem constitucional brasileira. Por esse motivo, a permanência dessa situação de ausência de regu-lamentação do direito de greve dos servidores públicos civis passa a invocar, para si, os riscos de consolidação de uma típica omissão judicial. 3.5. Na experiência do direito comparado (em especial, na Alemanha e na Itália), admite-se que o Poder Judiciário adote medidas normativas como alternativa legítima de superação de omissões inconstitucionais, sem que a proteção judicial efetiva a direitos fundamentais se configure como ofensa ao modelo de separação de poderes (CF, art. 2º).

4. DIREITO DE GREVE DOS SERVIDORES PÚBLICOS CIVIS. REGULAMENTAÇÃO DA LEI DE GREVE DOS TRABALHADORES EM GERAL (LEI N. 7.783/1989). FIXAÇÃO DE PARÂMETROS DE CONTROLE JUDICIAL DO EXERCÍCIO DO DIREITO DE GREVE PELO LEGISLADOR INFRACONSTITUCIONAL. 4.1. A disciplina do direito de greve para os trabalhadores em geral, quanto às "atividades essenciais", é especificamente delineada nos arts. 9º a 11 da Lei n. 7.783/1989. Na hipótese de aplicação dessa legislação geral ao caso específico do direito de greve dos servidores públicos, antes de tudo, afigura-se inegável o conflito existente entre as necessidades mínimas de legislação para o exercício do direito de greve dos servidores públicos civis (CF, art. 9º, *caput*, c/c art. 37, VII), de um lado, e o direito a serviços públicos adequados e prestados de forma contínua a todos os cidadãos (CF, art. 9º, § 1º), de outro. Evidentemente, não se outorgaria ao legislador qualquer poder discricionário quanto à edição, ou não, da lei disciplinadora do direito de greve. O legislador poderia adotar um modelo mais ou menos rígido, mais ou menos restritivo do direito de greve no âmbito do serviço público, mas não poderia deixar de reconhecer direito previamente definido pelo texto da Constituição. Considerada a evolução jurisprudencial do tema perante o STF, em sede do mandado de injunção, não se pode atribuir amplamente ao legislador a última palavra acerca da concessão, ou não, do direito de greve dos servidores públicos civis, sob pena de se esvaziar direito fundamental positivado. Tal premissa, contudo, não impede que, futuramente, o legislador infraconstitucional confira novos contornos acerca da adequada configuração da disciplina desse direito constitucional. 4.2 Considerada a omissão legislativa alegada na espécie, seria o caso de se acolher a pretensão, tão somente no sentido de que se aplique a Lei no 7.783/1989 enquanto a omissão não for devidamente regulamentada por lei específica para os servidores públicos civis (CF, art. 37, VII). 4.3 Em razão dos imperativos da continuidade dos serviços públicos, contudo, não se pode afastar que, de acordo com as peculiaridades de cada caso concreto e mediante solicitação de entidade ou órgão legítimo, seja facultado ao tribunal competente impor a observância a regime de greve mais severo em razão de tratar-se de "serviços ou atividades essenciais", nos termos do regime fixado pelos arts. 9º a 11 da Lei no 7.783/1989. Isso ocorre porque não se pode deixar de cogitar dos riscos decorrentes das possibilidades de que a regulação dos serviços públicos que tenham características afins a esses "serviços ou atividades essenciais" seja menos severa que a disciplina dispensada aos serviços privados ditos "essenciais". 4.4. O sistema de judicialização do direito de greve dos servidores públicos civis está aberto para que outras atividades sejam submetidas a idêntico regime. Pela complexidade e variedade dos serviços públicos e atividades estratégicas típicas do Estado, há outros serviços públicos, cuja essencialidade não está contemplada pelo rol dos arts. 9º a 11 da Lei n. 7.783/1989. Para os fins desta decisão, a enunciação do regime fixado pelos arts. 9º a 11 da Lei n. 7.783/1989 é apenas exemplificativa *(numerus apertus)*.

5. O PROCESSAMENTO E O JULGAMENTO DE EVENTUAIS DISSÍDIOS DE GREVE QUE ENVOLVAM SERVIDORES PÚBLICOS CIVIS DEVEM OBEDECER AO MODELO DE COMPETÊNCIAS E ATRIBUIÇÕES APLICÁVEL AOS TRABALHADORES EM GERAL (CELETISTAS), NOS TERMOS DA REGULAMENTAÇÃO DA LEI N. 7.783/1989. APLICAÇÃO COMPLEMENTAR DA LEI N. 7.701/1988 VISA À JUDICIALIZAÇÃO DOS CONFLITOS QUE ENVOLVAM OS SERVIDORES PÚBLICOS CIVIS NO CONTEXTO DO ATENDIMENTO DE ATIVIDADES RELACIONADAS A NECESSIDADES INADIÁVEIS DA COMUNIDADE QUE, SE NÃO ATENDIDAS, COLOQUEM "EM PERIGO IMINENTE A SOBREVIVÊNCIA, A SAÚDE OU A SEGURANÇA DA POPULAÇÃO" (LEI N. 7.783/1989, PARÁGRAFO ÚNICO, ART. 11).

5.1. Pendência do julgamento de mérito da ADI n. 3.395/DF, rel. Min. Cezar Peluso, na qual se discute a competência constitucional para a apreciação das "ações oriundas da relação de trabalho, abrangidos os entes de direito público externo e da administração pública direta e indireta da União, dos Estados, do Distrito Federal e dos Municípios" (CF, art. 114, I, na redação conferida pela EC n. 45/2004).

5.2. Diante da singularidade do debate constitucional do direito de greve dos servidores públicos civis, sob pena de injustificada e inadmissível negativa de prestação jurisdicional nos âmbitos federal, estadual e municipal, devem-se fixar também os parâmetros institucionais e constitucionais de definição de competência, provisória e ampliativa, para a apreciação de dissídios de greve instaurados entre o Poder Público e os servidores públicos civis.

5.3. No plano procedimental, afigura-se recomendável aplicar ao caso concreto a disciplina da Lei n. 7.701/1988 (que versa sobre especialização das turmas dos Tribunais do Trabalho em processos coletivos), no que tange à competência para apreciar e julgar eventuais conflitos judiciais referentes à greve de servidores públicos que sejam suscitados até o momento de colmatação legislativa específica da lacuna ora declarada, nos termos do inciso VII do art. 37 da CF.

5.4. A adequação e a necessidade da definição dessas questões de organização e procedimento dizem respeito a elementos de fixação de competência constitucional de modo a assegurar, a um só tempo, a possibilidade e, sobretudo, os limites ao exercício do direito constitucional de greve dos servidores públicos, e a continuidade na prestação dos serviços públicos. Ao adotar essa medida, este Tribunal passa a assegurar o direito de greve constitucionalmente garantido no art. 37, VII, da Constituição Federal, sem desconsiderar a garantia da continuidade de prestação de serviços públicos — um elemento fundamental para a preservação do interesse público em áreas que são extremamente demandadas pela sociedade.

6. DEFINIÇÃO DOS PARÂMETROS DE COMPETÊNCIA CONSTITUCIONAL PARA APRECIAÇÃO DO TEMA NO ÂMBITO DA JUSTIÇA FEDERAL E DA JUSTIÇA ESTADUAL, ATÉ A EDIÇÃO DA LEGISLA-ÇÃO ESPECÍFICA PERTINENTE, NOS TERMOS DO ART. 37, VII, DA CF. FIXAÇÃO DO PRAZO DE 60 (SESSENTA) DIAS PARA QUE O CONGRESSO NACIONAL LEGISLE SOBRE A MATÉRIA. MANDADO DE INJUNÇÃO DEFERIDO PARA DETERMINAR A APLICAÇÃO DAS LEIS NS. 7.701/1988 E 7.783/1989.

6.1. Aplicabilidade aos servidores públicos civis da Lei n. 7.783/1989, sem prejuízo de que, diante do caso concreto e mediante solicitação de entidade ou órgão legítimo, seja facultado ao juízo competente a fixação de regime de greve mais severo, em razão de tratarem de "serviços ou atividades essenciais" (Lei n. 7.783/1989, arts. 9º a 11).

6.2. Nessa extensão do deferimento do mandado de injunção, aplicação da Lei n. 7.701/1988, no que tange à competência para apreciar e julgar eventuais conflitos judiciais referentes à greve de servidores públicos que sejam suscitados até o momento de colmatação legislativa específica da lacuna ora declarada, nos termos do inciso VII do art. 37 da CF.

6.3. Até a devida disciplina legislativa, devem-se definir as situações provisórias de competência constitucional para a apreciação desses dissídios no contexto nacional, regional, estadual e municipal. Assim, nas condições acima especificadas, se a paralisação for de âmbito nacional, ou abranger mais de uma região da Justiça Federal, ou ainda, compreender mais de uma unidade da federação, a competência para o dissídio de greve será do Superior Tribunal de Justiça (por aplicação analógica do art. 2º, I, "a", da Lei n. 7.701/1988). Ainda no âmbito federal, se a controvérsia estiver adstrita a uma única região da Justiça Federal, a competência dos Tribunais Regionais Federais (aplicação analógica do art. 6º da Lei n. 7.701/1988). Para o caso da jurisdição no contexto estadual ou municipal, se a controvérsia estiver adstrita a uma unidade da federação, a competência será do respectivo Tribunal de Justiça (também por aplicação analógica do art. 6º da Lei n. 7.701/1988). As greves de âmbito local ou municipal serão dirimidas pelo Tribunal de Justiça ou Tribunal Regional Federal com jurisdição sobre o local da paralisação, conforme se trate de greve de servidores municipais, estaduais ou federais.

6.4. Considerados os parâmetros acima delineados, a par da competência para o dissídio de greve em si, no qual se discuta a abusividade, ou não, da greve, os referidos Tribunais, nos âmbitos de sua jurisdição, serão competentes para decidir acerca do mérito do pagamento, ou não, dos dias de paralisação em consonância com a excepcionalidade de que esse juízo se reveste. Nesse contexto, nos termos do art. 7º da Lei n. 7.783/1989, a deflagração da greve, em princípio, corresponde à suspensão do contrato de trabalho. Como regra geral, portanto, os salários dos dias de paralisação não deverão ser pagos, salvo no caso em que a greve tenha sido provocada justamente por atraso no pagamento aos servidores públicos civis, ou por outras situações excepcionais que justifiquem o afastamento da premissa da suspensão do contrato de trabalho (art. 7º da Lei n. 7.783/1989, *in fine*).

6.5. Os Tribunais mencionados também serão competentes para apreciar e julgar medidas cautelares eventualmente incidentes relacionadas ao exercício do direito de greve dos servidores públicos civis, tais como: i) aquelas nas quais se postule a preservação do objeto da querela judicial, qual seja, o percentual mínimo de servidores públicos que deve continuar trabalhando durante o movimento paredista, ou mesmo a proibição de qualquer tipo de paralisação; ii) os interditos possessórios para a desocupação de dependências dos órgãos públicos eventualmente tomados por grevistas; e iii) as demais medidas cautelares que apresentem conexão direta com o dissídio coletivo de greve.

6.6. Em razão da evolução jurisprudencial sobre o tema da interpretação da omissão legislativa do direito de greve dos servidores públicos civis e em respeito aos ditames da segurança jurídica, fixa-se o prazo de 60 (sessenta) dias para que o Congresso Nacional legisle sobre a matéria.

6.7. Mandado de Injunção conhecido e, no mérito, deferido para, nos termos acima especificados, determinar a aplicação das Leis ns. 7.701/1988 e 7.783/1989 aos conflitos e às ações judiciais que envolvam a interpretação do direito de greve dos servidores públicos civis.

(STF/Pleno, MI 708-DF, Min. Gilmar Mendes, j. 25.10.2007, publicado no DJe n. 206, de 31.10.2008, *original sem negrito*).

Art. 17. Fica vedada a paralisação das atividades, por iniciativa do empregador, com o objetivo de frustrar negociação ou dificultar o atendimento de reivindicações dos respectivos empregados *(lockout)*.

Parágrafo único. A prática referida no *caput* assegura aos trabalhadores o direito à percepção dos salários durante o período de paralisação.

• Comentários:

17.11. O *lockout* é o cerramento das portas da empresa pelos próprios empresários, impedindo os trabalhadores de nela ingressarem e desempenharem suas atividades.

A lei em comento proíbe o *lockout* que tenha o propósito de frustrar negociação ou dificultar o atendimento de reivindicações dos empregados. Não se encontram na vedação legal os casos de fechamento das portas da empresa para que o empresário se previna de atos de depredação, vandalismo ou outras ameaças.

De outro lado, a prática empresarial de dificultar a prestação de serviços à população, aproveitando o movimento paredista dos trabalhadores e como estratégia de jogar os usuários contra os grevistas, constitui interferência na liberdade de paralisação, caracterizando conduta antissindical.

17.12. Dias parados no *lockout*. Caracterizado o *lockout* como reação à greve dos trabalhadores, são devidos os dias parados (TST, RO 2011500-04.2010.5.02.0000, j. 16.8.2013; TST, RO 2011300-94.2010.5.02.0000, publ. 19.4.2013; TRT-1ª Reg., RO 1746520105010079, j. 21.3.2013).

17.13. Considerações processuais. Caso o *lockout* seja debatido como fator de obstáculo a manifestação ou paralisação dos trabalhadores, poderá ser discutido nos mesmos autos do dissídio coletivo de greve, em face da pertinência temática e da dependência processual, portanto no Tribunal. Caso, porém, o tema seja discutido de forma autônoma, como prática empresarial que viola as liberdades públicas (direito de greve e/ou de reivindicações), a ensejar indenizações e preceitos cominatórios, a competência será do primeiro grau de jurisdição

• Legislação:

17.21. Código Penal (crimes contra a organização do trabalho):

"Art. 197. Constranger alguém, mediante violência ou grave ameaça:

I – a exercer ou não exercer arte, ofício, profissão ou indústria, ou a trabalhar ou não trabalhar durante certo período ou em determinados dias:

Pena – detenção, de um mês a um ano, e multa, além da pena correspondente à violência;

II – a abrir ou fechar o seu estabelecimento de trabalho, ou a participar de parede ou paralisação de atividade econômica:

Pena – detenção, de três meses a um ano, e multa, além da pena correspondente à violência."

"Atentado contra a liberdade de associação:

Art. 199. Constranger alguém, mediante violência ou grave ameaça, a participar ou deixar de participar de determinado sindicato ou associação profissional:

Pena: detenção, de um mês a um ano, e multa, além da pena correspondente à violência."

"Paralisação de trabalho de interesse coletivo:

Art. 201. Participar de suspensão ou abandono coletivo de trabalho, provocando a interrupção de obra pública ou serviço de interesse coletivo:

Pena: detenção, de seis meses a dois anos, e multa."

"Invasão de estabelecimento industrial, comercial ou agrícola. Sabotagem.

Art. 202. Invadir ou ocupar estabelecimento industrial, comercial ou agrícola, com o intuito de impedir ou embaraçar o curso normal do trabalho, ou com o mesmo fim danificar o estabelecimento ou as coisas nele existentes ou delas dispor:

Pena: reclusão, de um a três anos, e multa."

• Jurisprudência:

• **17.31.** "Como se sabe, o lockout significa a interrupção da atividade econômica, por iniciativa do empregador, com o objetivo de pressionar os trabalhadores, frustrar a negociação coletiva ou dificultar o atendimento das reivindicações" (TST/SDC, ED-DC 51342-94.2010.5.00.0000, Minª. Dora Maria da Costa, DJ 20.5.2011).

• **17.32.** "(...) O *lockout* é o fechamento da empresa num conflito patrão-empregado por iniciativa daquele. É um fechamento patronal, na tradução aproximada do termo inglês. Muito embora seja considerada a greve um direito do trabalhador, evoluiu o pensamento moderno no sentido de tornar o *lock out* do empregador uma agressão à sociedade e, portanto, ilegítimo o seu exercício.

A lei de greve (Lei n. 7.783/89), em seu art. 17, proíbe o *lock out* quando reza: *'fica vedada a paralisação das atividades, por iniciativa do empregador, com o objetivo de frustrar negociação ou dificultar o entendimento de reivindicações dos respectivos empregados'.* O art. 722 da CLT prevê: *'Os empregadores que, individual ou coletivamente, suspenderem os trabalhos dos seus estabelecimentos, sem prévia autorização do Tribunal competente, ou que violarem, ou se recusarem a cumprir decisão proferida em dissídio coletivo, incorrerão nas seguintes penalidades:...'.*

À medida em que as Constituições foram evoluindo, o instituto da greve veio sendo considerado direito, ao contrário do *lock out,* que sempre permaneceu ato delituoso. Entretanto, há que se ter cautela para definir o instituto, pois o simples fechamento da instalação não é *lock out.* Deve estar imbuído do espírito de embate à semelhança da greve" (TRT/2ª Reg., 20069.2005.000.02.00-1, rel. Desig. Marcelo Freire Gonçalves, j. 24.3.2010).

• **17.33.** "*Lock-out* não caracterizado: não configura *lock-out* o despedimento de todos os assalariados de empresa que encerra sua atividade econômica" (TRT-2ª Reg., DC 00037/1999-7, publ. 26.11.1999); também TST, RO-DC 626100-83.2000.5.02.5555, rel. Rider de Brito, DJ 1º.12.2000.

• **17.34.** DISSÍDIO COLETIVO. GREVE. ABUSIVIDADE. ATIVIDADE ESSENCIAL. CATEGORIA ECONÔMICA. MULTA. 1. Em caso de greve em atividade essencial, em princípio, é responsabilidade primacial dos trabalhadores grevistas garantir a prestação dos serviços mínimos, suficientes ao atendimento das necessidades inadiáveis da comunidade, enquanto durar a paralisação (arts. 9º, §§ 1º e 2º, da Constituição Federal, 10, inciso V, e 11 da Lei n. 7.783/89). 2. Somente em caso de demonstração inequívoca de que, paralelamente à greve, também houve *lockout*, concebe-se responsabilidade patronal pelo virtual descumprimento de ordem judicial nesse sentido. Vale dizer: para que a categoria econômica seja responsabilizada, a tal título, há que resultar provado que contribuiu para o não atendimento dos serviços inadiáveis. Do contrário, exclui-se a multa imposta. 3. Recurso ordinário interposto pelo Sindicato patronal Suscitado a que se dá provimento (TST/SDC, RODC 23800-25.2001.5.10.0000, rel. Min. João Oreste Dalazen, DJ 11.11.2005).

• **17.35.** "Ação Civil Pública. Direito do Consumidor. Transporte coletivo urbano. Alegação de queda na qualidade do serviço prestado e de desconforto dos usuários em razão de proposital redução na quantidade de veículos disponibilizados à população e de descumprimento de horários de partida por todas as empresas integrantes do sistema municipal. Prática de *lockout*. Pedido de indenização de danos materiais e morais às pessoas físicas e jurídicas que enfrentaram dificuldades de deslocamento no período narrado na inicial. Descabimento. Ausência de prova dos fatos alegados pelo autor. Indispensabilidade da dilação probatória, que não pode ser substituída unicamente pelo inquérito civil, cujo valor probante não é absoluto. Impossibilidade de condenação solidária, ante a particularidade e peculiaridade de condições de prestação do serviço por cada uma das requeridas. Inexistência de prova de movimento orquestrado visando à paralisação parcial do sistema para forçar o aumento da tarifa pública *(lockout)*. Sentença de procedência. Apelas providas para julgar improcedente a demanda. Verba honorária incabível na espécie" (TJ/SP, APL 0123905-92.2007.8.26.0100, Antonio Celso Aguilar Cortez, publ. 9.3.2016).

Art. 18. Ficam revogados a Lei n. 4.330, de 1º de junho de 1964, o Decreto-lei n. 1.632, de 4 de agosto de 1978, e demais disposições em contrário.

• Comentários:

18.11. A Lei n. 4.330/64 era chamada de "Lei Antigreve", porque tipificava a conduta dos grevistas muito mais como *crime* do que como *direito*. Este quadro jurídico foi modificado com a CF/1988, que elencou a greve como direito fundamental dos trabalhadores. Na sequência, a Lei n. 7.783/89 conferiu tratamento muito mais social à greve do que a Lei n. 4.330/64.

Apesar de seu contexto, a Lei n. 4.330/64 trazia garantias sindicais que a atual Lei de Greve não assegura. Vejam-se, à frente, os dispositivos selecionados (arts. 20 e 21).

• Legislação:

• 18.21. Lei n. 4.330/64 (revogada):

"Art. 20. *A greve lícita não rescinde o contrato de trabalho, nem extingue os direitos e obrigações dele resultantes.*

Parágrafo único. *A. greve suspende o contrato de trabalho, assegurando aos grevistas o pagamento dos salários durante o período da sua duração e o cômputo do tempo de paralisação como de trabalho efetivo, se deferidas, pelo empregador ou pela justiça do Trabalho, as reivindicações formuladas pelos empregados, total ou parcialmente.*

Art. 21. *Os membros da Diretoria da entidade sindical, representativa dos grevistas, não poderão ser presos ou ditados, salvo em flagrante delito ou em obediência a mandado judicial.*"

• Jurisprudência:

• 18.31. STJ, CC 13953-SP: "PENAL. PROCESSUAL. ATENTADO CONTRA A LIBERDADE DO TRABALHO. COMPETENCIA. CONFLITO. 1. O crime contra a liberdade do trabalho (CP, art. 197) não se confunde

com o crime contra a Organização do Trabalho ou decorrentes de greve (Lei n. 4.330/64, art. 29). 2. Se o crime não ofende o sistema destinado a preservar coletivamente o trabalho, a competência é da Justiça Estadual Comum. 3. Conflito conhecido; competência do Suscitado" (Rel. Edson Vidigal, publ. 30.10.1995).

Art. 19. Esta Lei entra em vigor na data de sua publicação.

Brasília, 28 de junho de 1989; 168º da Independência e 101º da República.

JOSÉ SARNEY

Oscar Dias Corrêa

Dorothea Werneck

4. Índice Alfabético-Remissivo

(O primeiro número se refere aos artigos anotados, organizados por doutrina [1], legislação [2] e jurisprudência [3], mantendo-se a ordem sequencial de cada um[a])

Abusividade (efeitos): 4.34; 4.35. Ver "Decretação de abusividade".

Ação anulatória: 3.14; 5.31.

Ação de indenização: ver "Danos materiais" e "Danos morais coletivos".

Acesso ao local de trabalho: art. 6º, § 3º; 6.13; 6.15; 6.122; 8.33.

Acesso aos trabalhadores: 6.18.

Acordo direto entre empregados e empregador: 4.36 (vigência do art. 617, CLT).

Administração pública: ver "Servidores públicos".

Aplicação da Lei n. 7.783/89 aos servidores públicos: art. 16 e suas anotações.

Arbitragem: 2.11; 3.14; 3.15; 3.21; 7.11.

Assembleia: 2.13 (quórum); 3.11 (requisito para greve); art. 4º e suas anotações; 4.11; 4.14 (edital).

Ata (de assembleia): 4.14; 4.15; 8.12 (documento na petição de DC); 13.31.

Atividade essencial da população: art. 10; 8.11 (serviço público); 9.14.

Atividade inadiável: art. 9º (da empresa); art. 11 (da população) e anotações; 7.14; 9.11; 9.12; 9.31; 11.11; 11.13 (manutenção); 12.11 (asseguramento pelo Poder Público).

Bombeiros: 1.18.

Cessação da greve: art. 4º, § 1º; 4.15; art. 9º (serviços indispensáveis à retomada da atividade empresarial); 9.31.

Classificação das greves: 1.16; 3.11.

Comissão de trabalhadores: art. 4º, § 2º (falta de sindicato); 4.17; 4.36; art. 5º (negociações); 5.11 (representação negocial); 5.11 (validade do art. 617, CLT); 6.123 e 7.13 (representantes dos trabalhadores nos locais de fábrica); art. 9º; 13.11.

Comissão de Representação de Trabalhadores nas Empresas: 4.17 e 7.13 (atribuições); 4.23 (Convenção n. 135-OIT). Ver também "Comissão de Trabalhadores".

Compensação (dias parados): 7.37; 7.38; 7.312 (servidores públicos).

Competência da Justiça Comum: 1.17 (dissídio de greve); 1.18 (policiais e guardas municipais); 1.19 (policiais militares não fazem greve); 2.18 (dissídios coletivos e greve de servidores públicos); 15.11 (crimes).

Competência dos Tribunais: 2.33; 16.31 (item 6.3 da ementa do acórdão do STF: servidores públicos).

Comunicação à empresa e aos usuários: art. 3º (atividades comuns, 48h); 3.11 e 3.18 (requisito da greve); art. 13 (atividades essenciais, 72h); 3.19 (contagem do prazo); 3.120 (servidores públicos).

Comum acordo (para Dissídio): 3.17; 3.21; 3.23 (escolha do mediador); 6.36; 8.34; art. 9º (manutenção de atividades inadiáveis da empresa); art. 11 (asseguramento de serviços inadiáveis da população).

Conduta antissindical na greve: 1.12; 4.13 (pauta de reivindicação); 4.17 (sindicato que abandona a categoria); 5.11 (livre constituição de comissão negocial); 6.121 (constrangimento a trabalhadores); 6.123 (nas greves); 6.124 (diretrizes da CONALIS/MPT e do Congresso Internacional de Fortaleza); 6.32; 6.33 (ref. Convenção 98-OIT); 6.34 (interditos proibitórios, abuso de direito); 6.38 (violação ao direito de greve); 6.39 (discriminação a grevistas e sindicalistas); 7.13 (dispensa após a greve); 7.14 (contratação de trabalhadores substitutos); 7.35 (discriminação a sindicalista, promoção); 7.311 (contratação de trabalhadores substitutos, danos morais coletivos).

Constrangimento a trabalhadores: art. 6º, § 2º; 6.18 e 6.19; 6.21 (pelas empresas); 15.21 (crime contra a organização do trabalho).

Consumidor: 6.310 e 6.311 (indenização pela greve); 17.35 (direitos no *lockout*).

Contratação durante a greve: art. 7º, parágrafo único (proibição e exceções); art. 9º (interesse privado); 7.14 (substituição de grevistas); 7.311 (danos morais coletivos).

Convenção 98-OIT: 5.11; 5.21 (proteção sindical); 6.32; 6.33; 7.13; 7.311.

Convenção 151-OIT: 3.15 (serviço público).

Convenção 135-OIT (comissão de trabalhadores): 4.17, final; 4.24.

Convocação da assembleia: 2.13 e art. 4º (estatuto sindical); 4.11; 4.14 (edital); 4.21;

Crimes contra a organização do trabalho: 15.11 (competência); 15.12 (tratamento criminal da paralisação coletiva); 15.23; 15.31, 15.32 (Justiça Federal) e 15.33 (STJ: inaplicabilidade do art. 201, CP, perante a CF/88).

Crimes nas greves: 15.11 (competência); 15.22 (Código Penal, tipicidade); 15.12 (tratamento criminal da paralisação coletiva); 15.33 (STJ: inaplicabilidade do art. 201, CP, perante a CF/88). ver "crimes contra a organização do trabalho".

Criminalização do movimento sindical: 6.14; 6.124 (diretriz 5, CONALIS/MPT); 7.35.

Danos materiais: 6.15; 6.122 (ação de reparação) 6.124 (danos por conduta antissindical); 6.21; 6.310 e 6.311 (indenização à população e ao consumidor); 6.312 (piquete pacífico); 12.14 (prevenção de dano); 15.11 (responsabilidade por abusos).

Danos morais: 6.38 e 6.39 (discriminação a sindicalista).

Danos morais coletivos: 7.14 (contratação de trabalhadores substitutos); 7.35 (discriminação a sindicalista, promoção); 7.311 (contratação de trabalhadores substitutos, danos morais coletivos).

Dano processual: 6.22, 6.126.

Decretação de abusividade: 1.32; 1.33 e 1.34 (greve política); 2.15 (greve ilegal ou abusiva); 2.17 (decretação); 2.31 (efeitos); 2.37 (vigência de acordo ou convenção coletiva); 2.38 (disputa intersindical); 2.311 (lapso temporal de 03 anos); 3.31 (falta de negociação); 3.34 (greve ambiental).

Dias parados: 2.310; 4.32; art. 7º; 7.11 (setor privado e serviço público); 7.34; 7.312 (STF, servidor público).

Direitos dos grevistas: art. 6º; 6.13 a 6.15.

Direitos fundamentais: 6.12; 6.19.

Dissídio coletivo: 2.16 (rito básico); 2.17 e 2.312 (competências do Presidente da Corte e do colegiado); 3.16 (suspensão do processo); 3.17 (comum acordo); 3.33 (acordo, perda do objeto); 8.11 (instauração de instância, legitimidade); 8.12 (petição de DC); 8.33 (competência dos Tribunais) ; 8.35 (DCG cumulado com DC econômico).

Dissídio coletivo (servidores públicos): 1.18 (policiais); 2.18 (STF, MI 712, 708 e 670); 8.31 (cláusula social, possibilidade).

Dissídio de greve: 2.33; 16.31 (item 6.3 da ementa do acórdão do STF: servidores públicos); 8.33 (competência dos Tribunais); 8.35 (DCG cumulado com DC econômico). Ver "Comum acordo", "Decretação de abusividade" e "Dissídio coletivo".

Divulgação da greve: art. 6º-II e § 2º; 6.18; 6.121 (constrangimento pelas empresas).

Edital de convocação: 3.18 (insuficiência); 4.14 (convocação da assembleia); 13.11 (informação à população).

Equidade: 1.121; 1.223.

Erro judiciário: 6.125, 6.21 e 6.24 (indenização contra o Estado).

Estabilidade de grevista: art. 7º; 7.12; 7.13 (despedida após a greve); 7.310.

Estado de greve: 2.14; 2.36 (despedida, frustração da greve).

Extinção do processo com resolução do mérito: 3.16.

Extinção do processo sem resolução do mérito: 3.16; 3.32 (desnecessidade de homologação de acordo); 3.33 (acordo, perda de objeto).

Fundo de greve: 6.14.
Federação: 4.23 (art. 617, CLT) e 4.17.

Greve abusiva: 2.15 (conceito), 2.17. Ver "Decretação de abusividade".

Greve ambiental: 3.11; 3.34.

Greve branca: 1.16-e (definição); 2.313 e 2.314 (proibição a servidores públicos).

Greve de protesto: 1.14.

Greve ilegal: 2.15, 2.17. Ver "Decretação de abusividade".

Greve pacífica: ver "Meios pacíficos".

Greve política: 1.13; 1.14; 1.16-f; 1.33; 1.35.

Greve selvagem: 1.16-i; 3.11.

Greves atípicas: 1.15.

Guardas municipais: 1.18;

História das greves, no Brasil: 15.12.

Homologação (de acordo, no DC): 3.16; 3.33 (acordo, perda do objeto)

Harmonização de direitos fundamentais: art. 6º; 6.11; 6.12 (ponderação e harmonização); 6.120 (interpretação constitucional).

Ilegitimidade do sindicato: 2.39; 2.310;

Indenização: ver "danos materiais" e "danos morais".

Instauração de instância: art. 8º; 8.11; 8.32 (ilegitimidade do MPT); 8.34 (conversão por mútuo acordo).

Interdito proibitório: 6.16 (doutrina); 6.32 (abuso); 6.37 (cabimento e competência).

Interesse público: 1.121 (interpretação equilibrada); 3.18 (prazo de comunicação à população); art. 6º; 6.11; 6.12 (harmonização de interesses); 8.11, 8.32 e 12.12 (defesa pelo MPT); 8.21 (Constituição Federal); 9.12 (interesse público x interesse empresarial); 9.32 (contratação temporária); art. 12 e nota 12.11 (asseguramento pelo Poder Público); 16.31 (STF, MI 708, servidores públicos, item 5.4);

Interesses defensáveis na greve: 1.12 e 1.21.

Interpretação da Lei de Greve: 1.120; 6.120 (interpretação de direitos fundamentais).

Lockout: 7.11 (pagamento de salários); 15.12, 15.23 e 17.21 (crime contra a organização do trabalho); art. 17 e suas notas.

Mediação: 1.18 (serviço público); 2.11 (requisito negocial); 3.13 (conceito e definição); 3.15 (arbitragem); 3.23 (Lei n. 10.192/2001).

Meios pacíficos: art. 2º e nota 2.12 (greve pacífica); art. 6º (meios pacíficos); 6.15 (ponderação); 6.17 (emprego de); 6.18; 6.37 (piquetes); 15.32 (OIT).

Ministério Público do Trabalho (MPT): 2.16 (manifestação em DC); 3.13 (mediação); 6.124 (diretrizes da CONALIS/MPT e do Congresso Internacional de Fortaleza); 7.13 (combate a antissindicalidades); 7.311 (contratação temporária de trabalhadores); 8.11, 8.21 e 12.12 (instauração de DC); 15.11 (atribuições não criminais).

Modalidades de greve: 1.16; 3.11.

Necessidade inadiável: Ver "Atividade inadiável".

Negociação coletiva: 2.37 (ausência de prova no DC); art. 3º e nota 3.11 (requisito da greve); 3.12; 3.13 (mediação no MPT); 3.21 (CF/88); 3.23 (negociação no Ministério do Trabalho).

Notificação à empresa: ver "Comunicação à empresa e aos usuários".

Nulidade do instrumento coletivo: 5.31.

Nulidade das suspensões dos grevistas: 8.33.

Oportunidade de exercer a greve: art. 1º e anotações; 1.12 (prerrogativas dos grevistas); 1.21 (CF/88); 4.13 (pauta de reivindicações).

Pagamento dos dias parados: ver "dias parados".

Pauta de reivindicações: 4.13.

Piquete: 6.13; 6.37; 7.35.

Policiais civis: 1.18.

Policiais federais: 1.18.

Policiais militares: 1.18.

Política: ver "greve política".

Prazo (contagem de): 3.19.

Ponderação de interesses: 6.11; 6.12; 6.120.

Prazo para comunicação da greve: arts. 3º e 13; 3.18. ver "Comunicação à empresa e aos usuários"

Princípios de interpretação de direitos fundamentais: 6.120.

Proporcionalidade, princípio da: 6.11; 6.120.

Protesto (greve de): 1.14.

Prova na greve: 2.37 e 4.36 (esgotamento da via negocial); 3.35 (empresa que se recusa a negociar); 4.33 (quórum deliberativo, ausência); 7.15 (prova da falta grave, servidor público); 8.12 (petição de DC); 8.33 (prova oral, punição retaliativa); 12.15 (pedido de antecipação de tutela); 12.32 (*lockout*, inexistência).

Quórum para deflagrar greve: art. 4º, § 1º; 4.14; 4.32; 4.33.

Razoabilidade, princípio da: 1.212; 4.12 (quórum na assembleia); 6.18; 6.120 (interpretação de direitos fundamentais); 6.39 (conduta discriminatória).

Reforma Trabalhista: 1.22; 1.23 (mudança no art. 8º, CLT); 6.126 (dano processual); 7.13 (comissão de empregados).

Remuneração dos dias parados: ver "Dias parados".

Reparação de danos: ver "danos materiais" e "danos morais".

Requisitos da greve: 2.13 (ilegalidade da greve); 2.14 (estado de greve); 2.34 (greve de professor); art. 3º e nota 3.11 (deflagração da greve, requisitos legais indispensáveis, previsão em instrumentos coletivos de trabalho).

Requisitos para deflagração da greve: ver "Requisitos da greve".

Responsabilidade do Judiciário: ver "Erro judiciário".

Responsabilização do Estado: ver "Erro judiciário".

Serviço público: ver "Servidores públicos".

Servidores públicos (mandados de injunção): 3.120; art. 16 e suas notas; 14.12 (paralisação total ou parcial).

Serviços essenciais: art. 10 e suas anotações.

Serviços inadiáveis: Ver "Atividade inadiável".

Sindicato de outra categoria: ver "Ilegitimidade do sindicato".

Suspensão do contrato de trabalho: art. 7º; 7.11. Ver, também, "Dias parados".

Término da greve: art. 14.

Tipos de greve: ver "Classificação das greves".

Tutela de evidência: 12.13 (tutela provisória); 12.15; 12.21.

Tutela de urgência: 1.13 (tutela provisória); 12.14; 12.21.

Violência (na greve): 2.12; ver "Meios pacíficos".

5. Lei de Greve: Lei n. 7.783/1989 (Texto Original)

Dispõe sobre o exercício do direito de greve, define as atividades essenciais, regula o atendimento das necessidades inadiáveis da comunidade, e dá outras providências.

O PRESIDENTE DA REPÚBLICA, faço saber que o Congresso Nacional decreta e eu sanciono a seguinte Lei:

Art. 1º É assegurado o direito de greve, competindo aos trabalhadores decidir sobre a oportunidade de exercê-lo e sobre os interesses que devam por meio dele defender.

Parágrafo único. O direito de greve será exercido na forma estabelecida nesta Lei.

Art. 2º Para os fins desta Lei, considera-se legítimo exercício do direito de greve a suspensão coletiva, temporária e pacífica, total ou parcial, de prestação pessoal de serviços a empregador.

Art. 3º Frustrada a negociação ou verificada a impossibilidade de recursos via arbitral, é facultada a cessação coletiva do trabalho.

Parágrafo único. A entidade patronal correspondente ou os empregadores diretamente interessados serão notificados, com antecedência mínima de 48 (quarenta e oito) horas, da paralisação.

Art. 4º Caberá à entidade sindical correspondente convocar, na forma do seu estatuto, assembleia geral que definirá as reivindicações da categoria e deliberará sobre a paralisação coletiva da prestação de serviços.

§ 1º O estatuto da entidade sindical deverá prever as formalidades de convocação e o quorum para a deliberação, tanto da deflagração quanto da cessação da greve.

§ 2º Na falta de entidade sindical, a assembleia geral dos trabalhadores interessados deliberará para os fins previstos no *"caput"*, constituindo comissão de negociação.

Art. 5º A entidade sindical ou comissão especialmente eleita representará os interesses dos trabalhadores nas negociações ou na Justiça do Trabalho.

Art. 6º São assegurados aos grevistas, dentre outros direitos:

I – o emprego de meios pacíficos tendentes a persuadir ou aliciar os trabalhadores a aderirem à greve;

II – a arrecadação de fundos e a livre divulgação do movimento.

§ 1º Em nenhuma hipótese, os meios adotados por empregados e empregadores poderão violar ou constranger os direitos e garantias fundamentais de outrem.

§ 2º É vedado às empresas adotar meios para constranger o empregado ao comparecimento ao trabalho, bem como capazes de frustrar a divulgação do movimento.

§ 3º As manifestações e atos de persuasão utilizados pelos grevistas não poderão impedir o acesso ao trabalho nem causar ameaça ou dano à propriedade ou pessoa.

Art. 7º Observadas as condições previstas nesta Lei, a participação em greve suspende o contrato de trabalho, devendo as relações obrigacionais, durante o período, ser regidas pelo acordo, convenção, laudo arbitral ou decisão da Justiça do Trabalho.

Parágrafo único. É vedada a rescisão de contrato de trabalho durante a greve, bem como a contratação de trabalhadores substitutos, exceto na ocorrência das hipóteses previstas nos arts. 9º e 14.

Art. 8º A Justiça do Trabalho, por iniciativa de qualquer das partes ou do Ministério Público do Trabalho, decidirá sobre a procedência, total ou parcial, ou improcedência das reivindicações, cumprindo ao Tribunal publicar, de imediato, o competente acórdão.

Art. 9º Durante a greve, o sindicato ou a comissão de negociação, mediante acordo com a entidade patronal ou diretamente com o empregador, manterá em atividade equipes de empregados com o propósito de assegurar os serviços cuja paralisação resultem em prejuízo irreparável, pela deterioração irreversível de bens, máquinas e equipamentos, bem como a manutenção daqueles essenciais à retomada das atividades da empresa quando da cessação do movimento.

Parágrafo único. Não havendo acordo, é assegurado ao empregador, enquanto perdurar a greve, o direito de contratar diretamente os serviços necessários a que se refere este artigo.

Art. 10. São considerados serviços ou atividades essenciais:

I – tratamento e abastecimento de água; produção e distribuição de energia elétrica, gás e combustíveis;

II – assistência médica e hospitalar;

III – distribuição e comercialização de medicamentos e alimentos;

IV – funerários;

V – transporte coletivo;

VI – captação e tratamento de esgoto e lixo;

VII – telecomunicações;

VIII – guarda, uso e controle de substâncias radioativas, equipamentos e materiais nucleares;

IX – processamento de dados ligados a serviços essenciais;

X – controle de tráfego aéreo;

XI – compensação bancária.

Art. 11. Nos serviços ou atividades essenciais, os sindicatos, os empregadores e os trabalhadores ficam obrigados, de comum acordo, a garantir, durante a greve, a prestação dos serviços indispensáveis ao atendimento das necessidades inadiáveis da comunidade.

Parágrafo único. São necessidades inadiáveis, da comunidade aquelas que, não atendidas, coloquem em perigo iminente a sobrevivência, a saúde ou a segurança da população.

Art. 12. No caso de inobservância do disposto no artigo anterior, o Poder Público assegurará a prestação dos serviços indispensáveis.

Art. 13. Na greve, em serviços ou atividades essenciais, ficam as entidades sindicais ou os trabalhadores, conforme o caso, obrigados a comunicar a decisão aos empregadores e aos usuários com antecedência mínima de 72 (setenta e duas) horas da paralisação.

Art. 14. Constitui abuso do direito de greve a inobservância das normas contidas na presente Lei, bem como a manutenção da paralisação após a celebração de acordo, convenção ou decisão da Justiça do Trabalho.

Parágrafo único. Na vigência de acordo, convenção ou sentença normativa não constitui abuso do exercício do direito de greve a paralisação que:

I – tenha por objetivo exigir o cumprimento de cláusula ou condição;

II – seja motivada pela superveniência de fatos novo ou acontecimento imprevisto que modifique substancialmente a relação de trabalho.

Art. 15. A responsabilidade pelos atos praticados, ilícitos ou crimes cometidos, no curso da greve, será apurada, conforme o caso, segundo a legislação trabalhista, civil ou penal.

Parágrafo único. Deverá o Ministério Público, de ofício, requisitar a abertura do competente inquérito e oferecer denúncia quando houver indício da prática de delito.

Art. 16. Para os fins previstos no art. 37, inciso VII, da Constituição, lei complementar definirá os termos e os limites em que o direito de greve poderá ser exercido.

Art. 17. Fica vedada a paralisação das atividades, por iniciativa do empregador, com o objetivo de frustrar negociação ou dificultar o atendimento de reivindicações dos respectivos empregados (lockout).

Parágrafo único. A prática referida no *caput* assegura aos trabalhadores o direito à percepção dos salários durante o período de paralisação.

Art. 18. Ficam revogados a Lei n. 4.330, de 1º de junho de 1964, o Decreto-lei n. 1.632, de 4 de agosto de 1978, e demais disposições em contrário.

Art. 19. Esta Lei entra em vigor na data de sua publicação.

Brasília, 28 de junho de 1989; 168º da Independência e 101º da República.

JOSÉ SARNEY
Oscar Dias Corrêa
Dorothea Werneck